Didática e Avaliação da Aprendizagem em Química

Luciana dos Santos Rosenau
Neusa Nogueira Fialho

Didática e Avaliação da Aprendizagem em Química

Informamos que é de inteira responsabilidade dos autores a emissão de conceitos.

Nenhuma parte desta publicação poderá ser reproduzida por qualquer meio ou forma sem a prévia autorização da Editora Ibpex.

A violação dos direitos autorais é crime estabelecido na Lei nº 9.610/1998 e punido pelo art. 184 do Código Penal.

Av. Vicente Machado, 317, 14° andar.
Centro . CEP 80420-010 . Curitiba . PR . Brasil
Tel.: (0xx41) 2103-7306
www.editoraibpex.com.br
editora@editoraibpex.com.br

Conselho editorial
Dr. Ivo José Both, (presidente)
Drª. Elena Godoy
Dr. Nelson Luís Dias
Dr. Ulf Gregor Baranow

Editor-chefe
Lindsay Azambuja

Editores-assistentes
Ariadne Nunes Wenger
Marcela Mariana de Abreu

Editor de arte
Raphael Bernadelli

Análise de informação
Wlader Bogarin

Revisão de texto
Monique Gonçalves

Capa
Denis Kaio Tanaami

Projeto gráfico
Bruno Palma e Silva

Diagramação
Rafaelle Moraes

Iconografia
Danielle Scholtz

R813d   Rosenau, Luciana dos Santos
           Didática e avaliação da aprendizagem em química / Luciana dos Santos Rosenau, Neusa Nogueira Fialho. – Curitiba : Ibpex, 2008.
           153 p. : il. – (Metodologia do Ensino em Biologia e Química; v. 7)

           ISBN 978-85-7838-072-4

           1. Professores – Formação. 2. Didática. 3. Avaliação educacional. 4. Química – Estudo e ensino. I. Fialho, Neusa Nogueira. II. Título. III. Série.

CDD 370.71
20.ed.

Foi feito o depósito legal.

1ª edição, 2008.

Luciana Rosenau:
Às *razões da minha vida,*
Nanderson e Eduarda

Neusa Fialho:
Ao meu amado filho
Jonathan Nogueira Fialho
(in memoriam)

Agradecimentos

Ao escrever um livro, vive-se intensamente uma experiência de interação com o meio, dessa forma muitas pessoas contribuem direta e indiretamente para essa construção. Assim, agradecemos ao Grupo Uninter, pela oportunidade de publicar esta obra; à professora Tatiana Santini Trevisan, pela indicação e confiança; à família e aos amigos, por todo apoio e incentivo.

"Embora ninguém possa voltar atrás e fazer um novo começo, qualquer um pode começar agora e fazer um novo fim".

Chico Xavier

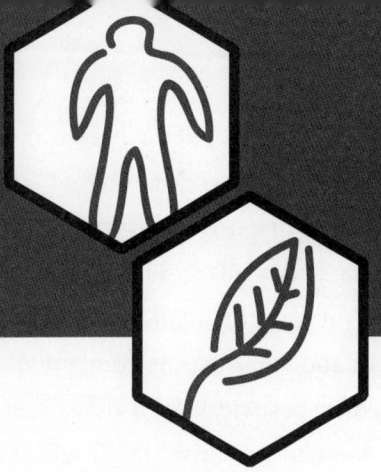

Nota sobre as autoras

Luciana dos Santos Rosenau é mestre em Educação pela Pontifícia Universidade Católica do Paraná (PUCPR), especialista em Psicopedagogia e Administração Escolar, graduada em Pedagogia e possui ensino médio em Magistério. Iniciou sua atuação profissional como docente de educação infantil de escola particular, foi professora das séries iniciais do ensino fundamental na rede estadual, municipal e privada em Curitiba. Atualmente, leciona no Curso de Pedagogia da Faculdade Internacional de Curitiba (Facinter) e nos cursos de pós-graduação em Educação do Instituto Brasileiro de Pós-Graduação e Extensão (Ibpex), ambos do Grupo Educacional Uninter.

Neusa Nogueira Fialho é paranaense, da cidade de Bandeirantes, onde estudou o Magistério como curso profissionalizante no ensino médio. Cursou Licenciatura em Ciências com Habilitação em Química na Faculdade Estadual de Filosofia, Ciências e Letras de Cornélio Procópio, PR (Faficop). Exerceu o magistério em Bandeirantes, trabalhando com ensino fundamental de 1983 até 1994. Depois de 11 anos de experiência nessa área, fixou residência na cidade de Curitiba, onde concluiu o curso de pós-graduação *lato sensu*, na área de magistério de 1º e 2º graus, com concentração na Formação de Professores, no ano de 1997. Atualmente, é professora concursada em nível estadual, atuando na disciplina de Química, leciona na Faculdade Estadual de Araucária (Facear), no curso de Engenharia de Produção, na Faculdade Internacional de Curitiba (Facinter) no curso de pós-graduação em Metodologia do Ensino de Biologia e Química. É mestranda em educação pela Pontifícia Universidade Católica do Paraná (PUCPR).

Apresentação

A metodologia de ensino adotada pelo professor em sala de aula é um elemento decisivo para o desempenho do aluno. Consideramos que a atuação docente influenciará o desempenho discente, tanto para ações positivas como para ações negativas durante o processo de aprendizagem.

Nessa perspectiva, esta obra pretende possibilitar subsídios para uma atuação docente com competência e qualidade. Assim, estudar sobre a didática e a avaliação da aprendizagem é um caminho crucial para alcançar essa formação.

Este livro refere-se especificamente ao estudo da didática e da avaliação da aprendizagem em Química e está organizado em quatro capítulos: os capítulos 1 e 2 referem-se à didática, e os capítulos 3 e 4, à avaliação. O capítulo 1 apresenta a concepção e os propósitos da didática para a atuação docente em Química; traz uma abordagem sobre os paradigmas da docência quanto às metodologias de ensino baseadas em paradigmas conservadores e inovadores e enfatiza o trabalho do professor de Química. O capítulo 2 está direcionado aos recursos didáticos de um modo geral, esclarecendo a utilização do livro didático como recurso no ensino de Química, abrangendo os diversos recursos convencionais e a opção de um trabalho mais atualizado e inovador com a utilização das tecnologias da informação. O capítulo 3 aborda as concepções da avaliação educacional, apresenta o seu contexto histórico, o seu processo, as suas concepções pedagógicas e a sua legislação. O capítulo 4 trata da avaliação da aprendizagem, destaca o objeto desta, fala sobre a concepção de desenvolvimento e a aprendizagem, sobre a avaliação como medida e a avaliação diagnóstica, mostra os enfoques e as suas modalidades aos critérios, os instrumentos e os tipos de avaliação.

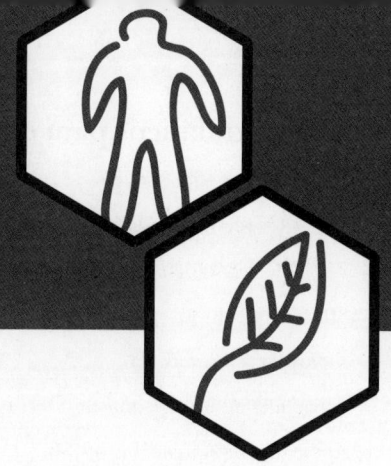

Sumário

Introdução, 19

A prática docente do professor de Química, 21

    1.1   A definição de didática e a sua importância no ensino de Química, 24

    1.2   As metodologias de ensino, 27

    1.3   O professor de Química, 39

Síntese, 42

Indicações culturais, 43

Atividades de Auto-Avaliação, 44

Atividades de Aprendizagem, 49

Recursos didáticos para o ensino de Química, 51

2.1 O livro didático, 54

2.2 Os recursos didáticos convencionais, 58

2.3 As tecnologias da informação: inovação em recursos didáticos, 63

Síntese, 72

Indicações culturais, 73

Atividades de Auto-Avaliação, 74

Atividades de Aprendizagem, 78

Perspectivas teóricas da avaliação educacional e suas implicações no ensino de química, 81

3.1 Contexto histórico da avaliação, 84

3.2 Avaliação e legislação no Brasil, 86

3.3 Concepção de avaliação, 90

3.4 O processo de avaliação e as concepções pedagógicas, 92

Síntese, 96

Indicações culturais, 97

Atividades de Auto-Avaliação, 98

Atividades de Aprendizagem, 101

Perspectivas práticas da avaliação da aprendizagem e suas implicações em química, 105

4.1 O que avaliar? Concepção de desenvolvimento e de aprendizagem, 108

4.2 Avaliação como medida e avaliação diagnóstica, 113

4.3 Enfoques e modalidades de avaliação, 115

4.4 Critérios, instrumentos e tipos de avaliação, 117

Síntese, 127

Indicações culturais, 127

Atividades de Auto-Avaliação, 128

Atividades de Aprendizagem, 131

Considerações finais, 135
Glossário, 137
Referências por capítulo, 141
Referências, 145
Gabarito, 151

Introdução

A didática e a avaliação da aprendizagem têm sido uma preocupação constante dos professores de educação básica e superior. Muitos profissionais da educação sentem dificuldades nesses dois aspectos, que são fundamentais para que a prática pedagógica se realize.

Consideramos importante que o professor conheça as metodologias de ensino e de avaliação desempenhadas pelos profissionais da educação até o momento atual, para que, a partir do que já foi realizado, possa avançar em busca de um ensino de qualidade que possibilite a formação de aprendizes pensantes.

Dessa forma, esta obra abordará as práticas pedagógicas, em especial no ensino de Química, que visam à construção do conhecimento para, em seguida, proporcionar a reflexão de metodologias de ensino e de avaliação voltados para o processo de formação humana que pretende ir além da mera transmissão de informações aos alunos.

Nessa perspectiva, convidamos você a mergulhar conosco nesta jornada educacional em busca de uma educação de qualidade que proporcione aos alunos o prazer de aprender. Precisamos de muitos adeptos à nossa luta para vencermos a crise da educação atual. Serão muitas batalhas até percebermos com clareza o que significa uma prática pedagógica de essência tradicional.

Capítulo 1

Entendemos que a prática docente vai muito além do conhecimento de conteúdos e do uso de técnicas pedagógicas. É necessário que se faça uma reflexão levando em consideração que, para haver mudanças em práticas pedagógicas, é preciso abandonar concepções antigas e construir novas e cabe ao professor essa função, pois, além de detectar as deficiências existentes no ensino e as necessidades dos alunos, é importante que este promova a integração dos conhecimentos teóricos com a atividade prática.

Sabemos que é essencial que o professor domine os conteúdos químicos, porém, repassá-los com transparência é fundamental. É comum ouvirmos a frase: "Aquele professor sabe muito, mas não sabe repassar...". Por isso a necessidade do conhecimento didático, visando conhecer métodos e técnicas para ensinar Química ou qualquer outra disciplina, e da informação da evolução paradigmática, tendo em vista uma formação crítica e transformadora, capaz de romper os modelos de ensino tradicionais.

A prática docente do professor de Química

Neusa Nogueira Fialho

Direcionamos este capítulo à prática docente do professor de Química, dando enfoque inicialmente à definição de didática e à sua importância no processo de ensino-aprendizagem, aproveitando para exemplificar maneiras práticas na transmissão de determinados conteúdos químicos. A seguir, falaremos sobre as metodologias de ensino propostas ao longo da história da educação, compreendidas como paradigmas conservadores e inovadores. E, para finalizar, vamos nos aprofundar no trabalho do professor como profissional na área de Química.

1.1 A definição de didática e a sua importância no ensino de Química

Muitas vezes, deparamo-nos com situações como: "a maioria da turma não conseguiu apropriar os conteúdos e tirou notas abaixo da média determinada." Ou, então, "a responsabilidade da aprendizagem é da turma, eu já fiz tudo que pude por eles." No entanto, esquecemos de refletir se a falha não está em nós, professores, pois é nossa a responsabilidade em promover a aprendizagem.

Às vezes, é necessário mudarmos as técnicas de ensino que estamos usando, pois nossos alunos são diferentes, as turmas são diversificadas em vários aspectos: sociocultural, cognitivo, emocional, financeiro, entre outros.

Portanto, partindo do princípio de que a didática tem como objeto o processo de ensino, cabe a nós, professores, o compromisso para aplicação de métodos pedagógicos que incentivem e despertem o interesse do aluno para aprendizagem da Química.

Dizemos que didática é a prática de ensinar através de métodos e de técnicas de ensino, que visa levar o aluno a um estado de maturidade, permitindo-lhe um encontro com a realidade que está à sua volta, de forma consciente, eficiente e equilibrada, sendo capaz de torná-lo um cidadão participante e responsável.

Note que o docente que conhece, domina e transmite seus conhecimentos utilizando uma boa didática, buscando sempre maneiras diversificadas de ensinar, conseqüentemente consegue a atenção e a participação de seus alunos, pois, conforme afirma Maldaner, o professor profissional é

> *alguém de quem se espera seja [sic] capaz de criar/recriar a herança cultural, junto às gerações mais jovens, alguém profundamente inserido em seu meio social e cultural e capaz de sentir os anseios populares*

e convertê-los em material de reflexão com base nas construções das ciências e outras conquistas culturais.[1]

Vamos pensar agora no dia-a-dia da sala de aula. "Como seriam nossas aulas?", "De que maneira nos comportaríamos diante de questionamentos inesperados?", "Como buscar a atenção e o interesse de nossos alunos?", essas e outras perguntas são freqüentes na mente dos professores iniciantes, devido à falta de experiência profissional ou até mesmo à insegurança por não dominarem os conteúdos químicos.

Falar sobre esse assunto é realmente necessário e preocupante, pois encontramos, em nosso meio, docentes preocupados apenas em explicar bem o conteúdo, de forma que os alunos consigam resolver as atividades propostas e, assim, acumular pontos para aprovação, o que reflete com certeza um ensino tipicamente tradicional. Queremos deixar claro que é perfeitamente possível que o professor transmita seus conhecimentos químicos de forma a propiciar a problematização ao introduzir um novo assunto dessa disciplina e a reflexão por parte do aluno, envolvendo-o e promovendo, assim, uma interação entre ambos.

Essa problematização pode ser demonstrada, por exemplo, em situações em que o professor deixa de usar termos tão científicos e complexos para usar de maneiras mais simples e coerentes no ato de explicar, facilitando o entendimento do aluno e provocando, dessa forma, uma aproximação entre ele e os demais. Observe fragmentos de uma das falas de Maldaner às professoras de uma escola:

> *Definir os termos terá pouco valor prático na aprendizagem... Usar os termos sim, em circunstâncias tais que o objeto a que se referem esteja presente, o fenômeno esteja acontecendo [pode tornar-se significativo]... Exemplo: solução! É um termo essencial em Química. Não posso esperar que se esgotem todos os significados atribuídos a ele, para, só então, poder usá-lo... A linguagem inicial, a simples palavra, não significa*

muita coisa... Se você diz solução, isto não vai significar para eles [alunos] exatamente o que significa pra você, mas se você tem a presença da solução, preparada com eles, vocês aproximam as coisas... O importante é que se estabeleça a interação, com a participação de todos os alunos da classe.[2]

É muito importante que a teoria caminhe junto da prática, porque só assim os termos que parecem vagos para o entendimento químico do aluno podem ficar esclarecidos com demonstrações práticas e concretas. Além disso, o professor precisa cativar seus alunos, visando criar momentos que estimulem a participação. Segundo Zóboli[3]:

Para a didática renovada, a motivação é de fundamental importância porque:

~ aprendizagem exige esforço;
~ esforço demanda interesse;
~ interesse é um estado emocional, um desejo, uma atração do indivíduo para o objeto.

Dessa forma, o aluno motivado para aprendizagem age por vontade própria, com interesse, esforçando-se para aprender, pois é o professor que expressa suas teorias aprendidas, e a ele compete permitir que o discente exprima seus pensamentos, estabelecendo um diálogo mútuo, consciente e adequado ao conteúdo em questão. No entanto, o docente precisa ter conhecimento das várias metodologias de ensino, para que possa refletir sobre sua prática pedagógica com criticidade, analisando sua realidade de sala de aula e buscando respostas aos problemas que possa vir a enfrentar no dia-a-dia escolar.

1.2 As metodologias de ensino

Investigar, analisar e compreender as práticas pedagógicas antes de aplicá-las é fundamental para que se consiga alcançar objetivos e conteúdos propostos no início de um ano letivo.

É importante ressaltar, também, que toda proposta na área educacional parte sempre de uma base, de conceitos, de referenciais e de práticas que se mostraram interessantes e adequadas tanto para os educadores quanto para educandos.

Há sempre uma busca reflexiva para as práticas pedagógicas, de forma que venham a construir novas propostas metodológicas, pois na organização histórica do processo pedagógico encontramos várias dimensões paradigmáticas.

As investigações sobre as práticas pedagógicas propostas ao longo da história da educação apresentam como paradigmas conservadores o tradicional, o escolanovista e o tecnicista; e como paradigmas inovadores: o holístico, o progressista e o ensino com pesquisa. Antes de falarmos sobre eles, porém, vamos entender primeiro o termo paradigma.

1.2.1 O que vem a ser paradigma?

O processo de transformação, mediante as metodologias de ensino, requer conscientização a respeito das necessidades de mudanças, dados os diversos paradigmas conhecidos. Partindo desse princípio, vamos obter um maior entendimento do que é paradigma.

Segundo Kuhn, paradigma significa a constelação de crenças, valores e técnicas partilhadas pelos membros de uma comunidade científica. É aquilo que os membros de uma comunidade partilham e, inversamente, uma comunidade consiste em homens que partilham um paradigma.[4]

Dessa forma, muitos modelos de ciência são partilhados por determinados povos num determinado período ou época. Esse referido modelo, depois de um certo tempo ou momento histórico, tende a se esgotar, talvez por um problema de credibilidade nas bases estruturais de seu conhecimento. Então, esse paradigma é substituído por outro modelo científico predominante.

A exemplo disso, sabemos que, por muitos anos, o ensino de Química foi dirigido apenas por teorias distantes do cotidiano do aluno e, apesar de encontrarmos professores ainda com essa concepção, deparamos-nos com docentes que levam situações locais, do seu próprio país e até mesmo de outros países, para vivenciar em sala de aula.

Portanto, o entendimento sobre os diversos paradigmas leva o professor à comparação, que, se analisada com criticidade e responsabilidade, pode se tornar um grande caminho para melhoria e inovações em práticas pedagógicas.

1.2.2 Os paradigmas conservadores

Podemos entender como conservadores os paradigmas que apresentam como objetivo a reprodução do conhecimento, em que as abordagens pedagógicas visam à repetição, com uma concepção mecanicista da prática educativa. Na visão paradigmática, é possível visualizar um professor ingênuo que assume sua tarefa de docente como um simples transmissor de informações químicas, deixando de lado o envolvimento com a complexidade, a reflexão, a investigação e a pesquisa.

Veja que essa tendência para o ensino de Química apresenta-se de forma bastante vaga, superficial e abstrata. Por exemplo: ao explicar a diferença entre um sistema homogêneo (uma fase) e um sistema heterogêneo (mais que uma fase), o professor apenas diz o conceito, e mesmo que exemplifique com palavras, ainda fica distante do entendimento claro para o aluno. Ao passo que se o professor, por exemplo, levar um copo com uma mistura de água, sal e óleo de cozinha é possível o aluno visualizar, na prática, um sistema heterogêneo e suas duas fases*.

Dentro desse contexto, embora se apresentando em épocas diferentes, denominamos como *paradigmas conservadores*: o paradigma tradicional, o paradigma escolanovista e o paradigma tecnicista, cujas abordagens vamos analisar no que se refere à prática educativa para o ensino de Química.

Paradigma tradicional

Nesse paradigma, a função da escola é propagar conhecimentos já acumulados por tempos históricos, com transmissão de conteúdos apenas de forma teórica, ou seja, desvinculados da prática e distantes da realidade do aluno.

A relação professor-aluno mostra-se de forma vertical e autoritária, na qual o professor transmite os conteúdos, organizados por ele, numa seqüência lógica, buscando repassar e transmitir as informações, de forma que o aluno repita e reproduza o modelo proposto.

O aluno, por sua vez, apresenta-se como um ser receptivo e passivo, devendo obediência ao professor sem questionar, permitindo ao educador um domínio total do processo educativo em sala de aula.

A metodologia usada caracteriza-se pelas aulas expositivas e por demonstrações feitas pelo professor, nas quais o ensinar não significa, necessariamente, o aprender.

Na escola tradicional, os conteúdos são colocados de forma seqüencial e ordenada, totalmente desvinculada das outras disciplinas do curso. De acordo com Behrens[5], "a organização dos procedimentos didáticos não leva em consideração o aluno, que deve restringir-se a escutar, decorar e repetir os conteúdos propostos".

---

* Fase: cada componente visível a olho nu numa mistura.

Na concepção tradicional, conforme Libâneo,

> os conteúdos de ensino são os conhecimentos e valores acumulados pelas gerações adultas e repassados [...] como verdades [...]. Os conteúdos são separados da experiência [...] e das realidades sociais [...]. Predomina a autoridade do professor que exige atitude receptiva dos alunos e impede qualquer comunicação entre eles no decorrer da aula. O professor transmite o conteúdo na forma de verdade a ser absorvida; em conseqüência, a disciplina imposta é o meio mais eficaz para assegurar a atenção e o silêncio.[6]

É importante destacar que o paradigma tradicional não se tornou ultrapassado. Apesar dos belos discursos proferidos pelos educadores, em busca de novas metodologias, muitas instituições escolares ainda fazem uso desse paradigma, pois, para muitos educadores, as portas continuam fechadas para as inovações.

Paradigma escolanovista

O paradigma escolanovista é uma pedagogia liberal-progressista e não diretiva, fundamentada nos princípios de John Dewey (1959), que preconizava um aprendizado individualizado. De acordo com Behrens[7], além de Dewey, outros educadores como Gestalt, que se fundamentava nas teorias comportamentais da psicologia cognitiva, e Piaget, em sua teoria do desenvolvimento, também contribuíram com seus pressupostos a respeito desse paradigma.

Behrens[8] nos conta, ainda, que no Brasil o movimento escolanovista se desenvolveu a partir de 1920 e teve um marco importante com o Manifesto dos Pioneiros da Educação Nova (1923), cujos principais signatários são: Fernando de Azevedo, Anísio Teixeira e Lourenço Filho. Ênfases do movimento no Brasil eram: educação pública, escola única, co-educação, laicidade, gratuidade e obrigatoriedade do ensino elementar, descentralização do sistema escolar, ensino ativo, uso da psicologia na educação e renovação metodológica.

Esse paradigma dá destaque ao ensino centrado no aluno, em que o importante não é mais a memorização, mas, sim, o processo de "aprender a aprender", pois o professor passa a ser um facilitador da aprendizagem, auxiliando o desenvolvimento livre e espontâneo dos alunos, tornando-se não um dirigente, mas um conselheiro e orientador dos mesmos.

Um grande passo é que o aluno aprende pela descoberta, o que lhe proporciona uma aprendizagem mais ativa, capaz de desenvolver uma iniciativa própria. Além disso, passa-se a ter respeito pela personalidade do aluno, pelas diferenças individuais e uma maior valorização à exclusividade do indivíduo.

Nesse tipo de paradigma, o aluno descobre o conhecimento através de suas próprias atividades, pois é mobilizado com recursos capazes de promover oportunidades e condições de experimentos com situações do cotidiano, sempre na busca de um crescimento tanto na área emocional como na social.

Para desconforto de muitos, os pressupostos da Escola Nova foram incorporados por escolas experimentais e, inclusive, por escolas muito bem equipadas, destinadas à elite.

Mediante a dificuldade de implementação dessa tendência em larga escala nas instituições de ensino, devido à falta de equipamentos e principalmente pela falta de professores preparados para assumir esse novo desafio, a maioria dos professores não abriu mão do ensino tradicional.

Paradigma tecnicista

No paradigma tecnicista, como o próprio nome diz, o ensino é abordado de forma técnica, ou seja, o mais importante agora são as técnicas, que devem ser objetivas e operacionais, visando à produtividade com eficiência.

A utilização de recursos tecnológicos também é de grande importância nessa tendência, agregando-se às soluções dos problemas gerados pela própria transformação social para o homem, instrumentalizado pela máquina, buscar a melhoria da qualidade de vida.

Acontece uma burocratização nas escolas, que passam a se preocupar mais em preparar seus alunos para o mercado de trabalho, e o professor se restringe a realizar o conteúdo programado. "O professor tecnicista caracteriza sua prática pedagógica pela transmissão e reprodução do conhecimento. Utiliza sistemas instrucionais para tornar sua ação educativa eficiente e eficaz"[9].

A pedagogia tecnicista é sustentada por um dos paradigmas da psicologia: o behaviorismo ou comportamentalismo. Ele valoriza a experiência ou a experiência planejada como a base do conhecimento. A teoria de Skinner teve grande influência no sentido em que a aprendizagem do aluno é decorrente da modificação dos comportamentos que são observáveis e mensuráveis. Conforme Souza

> O reforço é o elemento-chave na teoria S-R [teoria estímulo-resposta] de Skinner. *Um reforço é qualquer coisa que fortaleça a resposta desejada. Pode ser um elogio verbal, uma boa nota, ou um sentimento de realização ou satisfação crescente. A teoria também cobre reforços negativos – uma ação que evita uma conseqüência indesejada*[10].

O ensino, nesse paradigma, é repetitivo e mecânico, e a apropriação dos conteúdos é garantida pela repetição de conteúdos, o que leva o professor a propor muitas cópias e muitos exercícios mecânicos. O aluno se priva da criticidade, pois deve seguir à risca as instruções que recebe, demonstrando eficiência e competência, como a sociedade requer.

Um exemplo que podemos citar nesse caso é o que ocorre, ainda hoje, em algumas salas de aula, com determinados professores que pedem aos alunos para copiarem textos, tanto na disciplina de Química como nas outras, e em seguida responderem a um questionário. O professor peca por não aproveitar o momento para contextualizar e o aluno perde uma situação de questionamentos, de debate e de aprendizagem.

Essa tendência também não conseguiu superar os objetivos propostos, apesar de suas contribuições, daí a necessidade e o desafio na busca de novos paradigmas.

1.2.3 Paradigmas inovadores

A busca de uma prática pedagógica que supere a fragmentação e a reprodução do conhecimento tornou-se um desafio para alguns cientistas e intelectuais, contagiando a educação e instigando os professores.

De acordo com Behrens[11],

> *a partir da década de 1980, começaram-se a apresentar novas concepções paradigmáticas, chamadas de paradigmas inovadores da ciência. Eles recebem outras denominações, como sistêmico, por Prigogine (1991) e Capra (1996); holístico, por Cardoso (1995) e Crema (1995); e emergente, por Boaventura Santos (1989) e Pimentel (1994).*

Entretanto, encontram-se categorizados por Behrens[12], a saber: ensino para a produção do conhecimento, paradigma holístico, progressista e ensino com pesquisa. Esse é o alicerce da era do conhecimento, em que o foco é produzir conhecimento dentro de uma visão global e unificada.

A educação reflete a cultura de uma época que está impregnada de determinada visão de mundo, do homem, da vida, mesmo que não se tenha consciência disso. A noção que se tem sobre o universo, sobre quem somos e qual nossa finalidade, influencia profundamente a definição do que é educação, de seus objetivos e da ação do educador.

O maior problema da educação, hoje, tanto na área de Química como em outra área qualquer é que a visão de mundo que está em sua base é fragmentada, limitada, reducionista e sua transformação depende da mudança dessa base. Mudança essa, que deve atuar na cultura, para dar um sentido mais humano à vida sensível e perceptível aos fatos, às tendências e aos valores.

Segundo Maldaner e Piedade,

> *há um razoável consenso entre os químicos, de que o cerne da ciência química é perceber, saber falar sobre e interpretar as transformações químicas da matéria (ou das substâncias) causadas pelo favorecimento de novas interações entre as partículas constituintes da matéria, nas mais diversas situações.*[13]

Porém, o estudo da Química torna-se desinteressante para o aluno se for resumido apenas a repetições de definições ou a exemplos citados pelo professor, como vimos nos paradigmas conservadores.

Dessa forma, o uso de fórmulas e de conceitos deve ter uma interação com o espaço físico natural e o espaço tecnológico, a fim de proporcionar uma reflexão com os alunos e possibilitar o entendimento dos primeiros significados da Química.

Para tanto, o educador precisa estar preocupado, interessado e preparado para enfrentar com responsabilidade as mudanças e as inovações, a fim de preparar seu aluno para a vida em sociedade.

Para um maior embasamento sobre uma prática pedagógica compatível com as mudanças paradigmáticas da ciência, faremos uma abordagem sobre o paradigma sistêmico ou holístico, o paradigma progressista e o ensino com pesquisa.

Paradigma sistêmico ou holístico

Com o avanço paradigmático, a ciência passou a conceber uma nova visão para o mundo, para a educação e para a prática pedagógica, o holismo.

À visão holística cabe a proposição da superação da fragmentação do conhecimento, resgatando os valores éticos e contemplando as inteligências múltiplas. Cabe à escola, ou seja, ao professor, proporcionar o equilíbrio entre razão, intuição e emoção, ter estratégias de ensino para expandir a aprendizagem nos diversos estilos de inteligência e construir uma visão planetária e contextualizada, a fim de construir valores e fundamentos holísticos com seus alunos.

Na visão holística, a escola busca a superação do saber fragmentado, antes dividido em disciplinas isoladas, bastante semelhantes ao trabalho na indústria, que apesar de especializado é repartido em setores. Por conseqüência disso, o sujeito passou a se restringir às tarefas paradas sem uma consciência maior do processo e do produto.

Segundo Cardoso[14], ser holístico compreende "saber respeitar as diferenças, buscando a aproximação das partes no plano da totalidade. Porque superar não é fazer desaparecer, mas progredir na reaproximação do todo. Pois o todo está em cada uma das partes, e ao mesmo tempo, o todo é qualitativamente diferente do que da soma das partes".

Na abordagem holística, o professor tem um papel fundamental, capaz de contribuir na superação da prática pedagógica da fragmentação. Para isso, o educador precisa buscar caminhos alternativos, que sirvam de alicerce para uma ação docente relevante, competente e significativa, a fim de recuperar valores perdidos na sociedade moderna.

Partindo do princípio de que o homem deve ser olhado como um todo, o professor precisa se propor a buscar uma prática pedagógica renovada, contemplando sua ação docente com uma visão sistêmica. Portanto, segundo Behrens[15], "Os docentes universitários, ao optarem por uma visão holística, deverão ser capazes de atuar com paixão e buscar a grandeza que se encontra dentro de cada aluno. Não se trata de ser romântico, mas de ser extremamente preocupado com o homem que se pretende formar."

O aluno, na visão holística, deve ser considerado em suas inteligências múltiplas, fator que leva os professores a um desafio na reconstrução de suas práticas educativas. Claro que com a globalização, os pretextos da informação foram ampliados e com o surgimento de televisores a cabo, computadores (internet, correio eletrônico, fax) etc., os alunos ganharam uma maior diversidade e autonomia na produção do conhecimento.

Com relação à metodologia, nessa visão, podemos dizer que há um encontro entre a teoria e a prática, no qual as duas se completam, em uma conexão e uma aproximação, na busca de uma visão como todo.

Para educar dentro de uma visão holística, é necessário utilizar práticas pedagógicas que proporcionem o desenvolvimento simultâneo de razão, sensação, sentimento e intuição, e que façam a integração intercultural dando uma visão global das coisas. Assim, a educação não servirá apenas para a transmissão do saber sistematizado, mas para um aflorar terapêutico no educando, de uma nova consciência, que o fará transcender do "eu" individual para o "eu" transpessoal.

Paradigma progressista

Vamos agora dar enfoque ao paradigma progressista, porém, para isso, é importante entendermos, primeiro, o significado desse termo.

O termo *progressista* foi empregado por George Snyders e é utilizado por designar as tendências que, partindo de uma análise crítica das realidades sociais, sustentam implicitamente as finalidades sociopolíticos da educação.

De acordo com Behrens[16] à abordagem progressista cabe a tarefa de buscar a transformação social, incentivando o diálogo e a discussão por meio de trabalhos em equipe, que integrem aluno e professor em um mesmo patamar de responsabilidade produtiva. O que se avalia é a participação do aluno individual e coletivamente de forma personalizada, percebendo o processo de aprendizagem no agregar de novos níveis de conhecimento.

O paradigma progressista, no Brasil, tem como precursor Paulo Freire. Segundo sua proposta, o homem é o sujeito da educação e apresenta-se como um homem concreto.

Para Behrens,

> *a pedagogia progressista visa buscar a formação do homem concreto, síntese de múltiplas determinações. Fruto das relações sociais, o homem político pertence a uma classe social determinada. Nessa pedagogia, a educação leva em consideração o indivíduo como um ser que constrói sua própria história, com uma relação dialógica, crítica, reflexiva, com ações articuladas, trabalho coletivo e busca da transformação da realidade.*[17]

O enfoque está no indivíduo desenvolvendo e compartilhando seu crescimento intelectual, por meio de diálogos das idéias, da informação e da cooperação entre seus pares.

Paradigma do ensino com pesquisa

No paradigma ensino com pesquisa, também chamado de *emergente*, o conhecimento é interdisciplinar, visando à transdiciplinaridade, melhor dizendo: o sujeito compreende as ligações entre diferentes disciplinas por meio de projetos, preocupando-se com o que acontece paralelamente, de forma que o tratamento seja global, integrado e interativo. Por conseqüência, o conhecimento passa a ter como horizonte a totalidade, substituindo uma prática pedagógica fragmentada por uma prática pedagógica temática.

Para superar as metodologias reprodutivistas e conservadoras, centradas na repetição e na cópia, em que a prática docente assenta-se no escutar, no ler, no decorar e no repetir, é preciso que haja uma mudança para a produção do conhecimento, numa visão globalizadora, progressista e que busque a totalidade.

Na abordagem do ensino com pesquisa, a escola precisa promover projetos realizados em conjunto, proporcionando, dessa forma, um momento de inovação, de transformação e de participação.

O professor, nessa visão, atua como mediador, envolvendo o senso crítico e o senso criativo no processo pedagógico, orientando os alunos com o intuito de torná-los capazes de se expressarem com fundamentação, abertos a questionamentos e formulação própria.

O aluno, no ensino com pesquisa, precisa ser ousado para construir novos conhecimentos. Ele é desafiado a criar e deve usar o saber para mudar, a aprendizagem para transformar e a pesquisa para reconstruir. De acordo com Behrens[18], o professor torna-se "articulador e orquestrador do processo pedagógico" e por isso, segundo o autor, "precisa pesquisar para construir seus próprios métodos e meios de aprender a aprender".

A metodologia, no processo de pesquisa, é criadora de caminhos compartilhados com os alunos e os pares docentes, por meio de uma elaboração criativa, uma argumentação com propriedade e uma pesquisa sistemática. Sua função é despertar o interesse científico.

O acesso ao conhecimento tornou-se amplo e disponível, devido a redes informatizadas, facilitando a aprendizagem de forma geral. No entanto, é importante ressaltar que o acesso a essas informações tende a colaborar com a construção do conhecimento e para a produção de novas informações.

Santos afirma que "a ciência pós-moderna, ao sensocomunicar-se, não despreza o conhecimento que produz tecnologia, mas entende que, tal como o conhecimento se deve traduzir em autoconhecimento, o desenvolvimento tecnológico deve traduzir-se em sabedoria de vida". Portanto, ao produzir novas informações, é imprescindível que haja ética, sabedoria e visão global.

Se fizermos um paralelo entre os paradigmas conservadores e os inovadores veremos que, mesmo diante de tantas tentativas de mudanças na área educacional, o método tradicional ainda prevalece em muitas escolas.

Para Maldaner, porém, é possível reunir educadores que se disponham a refletir sobre a sua prática e procurem entendê-la em novos níveis. Pode-se, desta forma, criar novas perspectivas e novos significados para o ensinar e o aprender em ciências, sobre quem ensina e quem aprende, o que ensinar e o que aprender.[20]

Portanto, ensinar Química de maneira inovadora não é uma tarefa muito fácil; requer atitude, força de vontade, tempo e muito estudo, uma vez que o professor encontra muitas dificuldades, desde a falta de materiais didáticos atuais que estejam condizentes com os avanços tecnológicos até a disponibilidade de um laboratório preparado com os devidos aparelhos e substâncias para a realização de aulas práticas.

Sendo assim, passamos agora a falar da peça fundamental no processo de ensino e aprendizagem: o professor, aquele que deve optar pelos métodos mais adequados, criando e recriando momentos de aprendizagem.

1.3 O professor de Química

Ao sair do curso de licenciatura, o professor se depara com situações reais, que mostram limitações diversas, principalmente quando se fala em docentes do ensino fundamental e médio, pois estas apresentam-se mais complexas e distantes das condições ideais que são abordadas nos cursos acadêmicos em que cada um foi formado.

Como ressalta Maldaner:

> Ao saírem dos cursos de licenciatura, sem terem problematizado o conhecimento específico em que vão atuar e nem o ensino desse

conhecimento na escola, recorre, usualmente, aos programas, apostilas, anotações e livros didáticos que os seus professores proporcionaram quando cursavam o ensino médio. É isto que mantém o círculo vicioso de um péssimo ensino de Química em nossas escolas![21]

Na prática em sala de aula, principalmente em escolas de ensino médio, é comum o professor seguir os conteúdos convencionados para Química sem mostrar preocupação com as inter-relações que podem acontecer entre esses conteúdos e menos ainda, com situações ligadas à sociedade. É difícil, por exemplo, o professor introduzir em suas aulas a história da Química, de repente por não conhecer o assunto ou, ainda, por não ter feito parte de sua instrução acadêmica.

Um fator complicante aos professores formados em Química é, também, a falta de formação ligada ao experimento, pois as aulas práticas, geralmente, são paralelas às disciplinas ditas teóricas nos cursos acadêmicos. Esse fator gera uma certa insegurança ao professor na realização de práticas adequadas aos conteúdos que estiver trabalhando, resultando num ensino levado à memorização de conteúdos, sem base material e isolado.

Portanto, podemos perceber que o paradigma conservador, de tendência tradicionalista, ainda é muito presente no ensino de Química, pois tudo que foge ao tradicional causa polêmica e questionamentos.

Dessa forma, cabe ao professor buscar mais conhecimento por intermédio de pesquisas e cursos direcionados à área, insistindo na participação dos alunos, a fim de que estejam disponíveis para novos experimentos, a fim de que realmente ocorra a aprendizagem.

Como dissemos anteriormente, as dificuldades que o professor enfrenta em sua prática profissional como docente de Química são enormes, principalmente no que se refere ao uso do laboratório para a realização de experimentos que visam unir teoria e prática, de forma a concretizar os vários conceitos abstratos existentes nessa disciplina; algumas escolas de ensino médio nem possuem uma sala apropriada para tal trabalho.

Com relação ao espaço físico, encontramos também sérias complicações, pois na maioria das escolas as turmas são lotadas, com uma diversidade muito grande de alunos e, devido à quantidade mínima de carga horária, de duas a três aulas no ensino médio, fica quase impossível abordar os conteúdos propostos para o ano letivo, tornando o ensino de Química bastante fragmentado.

Entendemos que o ensino dessa disciplina também deve formar cidadãos e, para que isso aconteça, é necessário que o aluno obtenha o máximo de informações com relação a essa disciplina, visando uma participação efetiva em sua comunidade; informações estas que estejam diretamente vinculadas aos problemas sociais que o afetam como cidadão. Maldaner coloca "a imagem social dessa área do conhecimento como uma dificuldade adicional" e afirma que

> Associa-se a Química aos problemas ambientais, à poluição atmosférica, aos conservantes nos alimentos, aos aditivos químicos, à agricultura química etc. Podemos dizer que a Química está desvalorizada socialmente e, em conseqüência, os seus profissionais... O professor deverá saber como enfrentar essas situações e poderá fazê-lo melhor se estiver organizado coletivamente e tiver convicção da importância do conhecimento químico na formação do cidadão.[22]

Todos nós desfrutamos de uma qualidade de vida proveniente de muitos benefícios que sucederam de descobertas químicas, portanto não podemos ignorar que aspectos negativos também podem vir associados a progressos com base nessa ciência, e isso precisa ficar claro a nossos alunos.

Para Santos e Schnetzler,

> *é necessário que os cidadãos conheçam como utilizar as substâncias no seu dia-a-dia, bem como se posicionem criticamente com relação aos efeitos ambientais da utilização da química e quanto às decisões referentes aos investimentos nessa área, a fim de buscar soluções para os problema sociais que podem ser resolvidos com a ajuda do seu desenvolvimento.*[23]

Outro fator essencial ainda a ser colocado aqui como dificuldade para o professor de Química é conseguir uma mediação adequada com relação ao significado de conceitos, pois estes precisam ser necessariamente pedagógicos, transmitidos com segurança, problematizados e capazes de levar o aluno a uma reflexão construtiva, instruindo-o para atingir diferentes níveis de compreensão para determinada situação.

Observe que dificuldades são grandes, porém o profissional competente deve encarar firmemente e buscar mediação e diálogo com os demais profissionais da área, trocando experiências vividas e experimentando novas maneiras de ensinar Química a seus alunos. Para tanto, a fim de enfrentar inovações tão evidentes nos dias de hoje, o professor precisa ter uma boa formação, criatividade, interesse e busca e necessita agir com flexibilidade e comprometimento, procurando se adaptar da melhor maneira possível à realidade de sua instituição e de sua sala de aula.

Síntese

Este capítulo nos levou a refletir sobre a importância da didática no ensino de Química, ou seja, sobre como ter o conhecimento dos conteúdos químicos a serem trabalhados em sala de aula não basta, é preciso saber transmiti-los com clareza, usando técnicas e métodos variados, buscando sempre uma problematização que leve o discente à reflexão e conseqüentemente a um aprendizado mais elaborado e transparente.

Buscamos esclarecer e diferenciar os vários paradigmas existentes ao longo da história da educação: os conservadores e os inovadores, ambos constituindo metodologias para o processo de ensino-aprendizagem, entendendo que é possível ponderar tais modelos de ensino e que, com cautela, o professor pode mesclar o uso destes, sempre com o intuito de colaborar com a aprendizagem e a construção do seu aluno nos vários sentidos e ramos da vida.

Vimos também as dificuldades que o educador enfrenta nessa modalidade científica, na qual alguns ainda optam por seguir os modelos conservadores, visto que trabalhar a disciplina de Química dentro dos paradigmas inovadores até então parece ser bastante difícil, pois muitos professores se formam sem uma sólida preparação para exercer tal profissão.

Porém, como já dissemos anteriormente, o professor é a chave, a ele é permitida a avaliação crítica no que se refere a uma didática de qualidade que envolva o aluno e o conduza a uma participação efetiva nas aulas que, por sua vez, sejam constituídas por metodologias inovadoras e construtivas, capaz de buscar o melhor caminho para colaborar com o processo ensino-aprendizagem.

A responsabilidade do professor de Química é muito grande, pois nossos alunos buscam o saber, confiantes em seus professores, os quais precisam estar aptos para formá-los como cidadãos com referência, autonomia e senso crítico para viver em sociedade.

Indicações culturais

GIL, A. C. **Didática do ensino superior.** São Paulo: Atlas, 2006.
Esse livro traz informações sobre o papel do professor e do estudante

universitário, bem como a relação entre estes, além de apresentar tópicos referentes ao planejamento, às práticas docentes no ensino superior, a atividades extraclasse, a avaliação da aprendizagem, entre outros.

BEHRENS, M. A. **Paradigma da complexidade**. São Paulo: Vozes, 2006.
A obra nos mostra metodologias de projetos de forma simples e possível de ser utilizada em sala de aula, provocando uma reflexão sobre o paradigma emergente ligado ao paradigma da complexidade.

MALDANER, O. A. **A Formação inicial e continuada de professores de Química**: professores/pesquisadores. Ijuí: Ed. da Unijuí, 2003.
Trata-se de uma obra de qualidade e densidade teórica, direcionada aos professores de Química envolvendo temas como: formação de professores, pesquisa e atuação pedagógica, recriação em sala de aula por meio da ação pedagógica, formação continuada de professores de Química, entre outros.

Atividades de Auto-Avaliação

1. A definição mais correta de didática é:
   a) Aplicação de métodos pedagógicos promovendo apenas a disciplina dos alunos em sala de aula, visto que sem esta é impossível o professor repassar os conteúdos.
   b) Ensinar usando técnicas que levem o aluno a conhecer a si mesmo e aos demais colegas, a fim de maior relacionamento e sociabilidade.
   c) Aplicação de técnicas tradicionais que limitem o aluno a aprender apenas o que o professor transmite.
   d) Prática de ensinar através de métodos e técnicas de ensino, que visa levar o aluno a um estado de maturidade, permitindo-lhe um encontro com a realidade que está à sua volta, de forma cons-

ciente, eficiente e equilibrada, capaz de torná-lo um cidadão participante e responsável.

2. Um fator complicante aos professores formados em Química é a falta de formação ligada ao experimento. Assinale a opção que é **incorreta** com relação a essa afirmação.
   a) As aulas práticas são trabalhadas junto das aulas teóricas.
   b) As aulas práticas, geralmente, são paralelas às disciplinas ditas teóricas, nos cursos acadêmicos.
   c) Esse fator gera uma certa insegurança ao professor na realização de práticas adequadas aos conteúdos que estiver trabalhando.
   d) Esse fator resulta num ensino levado à memorização de conteúdos, isolados e sem base material.

3. No início do século XX, diante de um mundo caracterizado por constantes e rápidas transformações, alguns educadores propuseram a mudança da escola e da educação. O aluno é considerado centro e sujeito da própria educação, os métodos ativos favorecem que o próprio aluno construa seu conhecimento.
   De qual tendência esse texto se refere?
   a) Escola Nova.
   b) Escola Tradicional.
   c) Escola Tecnicista.
   d) Escola Holística.

4. No paradigma da Escola Tradicional, acentua-se o ensino humanístico, de cultura geral, no qual as diferenças sociais não são consideradas e a prática educacional não tem relação com o cotidiano do aluno. Assinale as alternativas em que estão as características mais marcantes dessa tendência.

I. O aluno é educado para seguir atentamente a exposição do professor.
II. Professor é considerado o mediador do conhecimento.
III. Aula expositiva, revisão da matéria, livro didático e fixação são métodos de ensino.
IV. A disciplina é a forma de garantir a atenção, o silêncio e a ordem.
V. O relacionamento professor-aluno mostra-se de forma horizontal e autoritária.

a) I, III e V estão corretas.
b) II e IV estão corretas.
c) I, III e IV estão corretas.
d) II, IV e V estão corretas.

5. A característica mais marcante do escolanovismo é a valorização da criança, vista como um ser dotado de poderes individuais, cuja liberdade, iniciativa, autonomia e interesses devem ser respeitados. Assinale a alternativa que não corresponde às características dessa tendência.

a) O professor é um facilitador da aprendizagem.
b) Na sala, professor e alunos estão separados e não há necessidade de comunicação.
c) Os processos de transmissão-recepção são substituídos pelo processo de elaboração pessoal.
d) Trabalhos em grupo, dinâmicas de grupo e pesquisa, são técnicas pedagógicas de ensino.

6. Na abordagem do ensino com pesquisa, a escola precisa promover projetos realizados em conjunto, de forma a proporcionar um momento de inovação, transformação e participação. Quais as características do professor nessa tendência?

I. Despertar o interesse científico no aluno, formando futuros pesquisadores.
II. Ser um professor mediador, que envolve o senso crítico e criativo no processo pedagógico.
III. Reproduzir o conhecimento de forma autoritária, sem questionamentos e discussões.
IV. Orientar os alunos, com o intuito de torná-los capazes de se expressarem com fundamentação.
V. Limitar-se a transmitir o conhecimento, na forma de verdade a ser absorvida.

a) I, III e V estão corretas.
b) II, III e IV estão corretas.
c) IV e V estão corretas.
d) I, II e IV estão corretas.

7. Assinale (V) para as alternativas verdadeiras e (F) para as falsas.
a) A respeito da escola tradicional, pode-se dizer que.
( ) Sobre a avaliação na escola tradicional, o aluno deve usar sua criatividade, fazendo críticas e questionamentos.
( ) O modelo do paradigma tradicional se tornou ultrapassado nas instituições de ensino.
( ) O papel do professor na pedagogia tradicional é de um transmissor do conhecimento.
( ) Como recurso pedagógico, em sala de aula, o professor utiliza a aula expositiva, o livro didático, a leitura e o quadro-negro.
( ) A relação professor-aluno mostra-se de forma vertical e autoritária.
b) As principais características da pedagogia tecnicista são:
( ) O ensino da tendência tecnicista se baseia na disciplina, é racionalizado e mecanicista, não propiciando ao aluno a reflexão e a crítica.

( ) O papel do professor na pedagogia tecnicista passa a ser o de um executor de tarefas programadas.
( ) A ênfase está em um ensino centrado no aluno; o importante não é mais a memorização, mas, sim, o processo de "aprender a aprender".
( ) A educação para atender o mercado, que não contribuía com o desenvolvimento de um indivíduo crítico comprometido com a transformação social.
( ) A fragmentação do conhecimento, que resgata valores éticos, contemplando as inteligências múltiplas.

c) No Brasil, John Dewey inspirou o Movimento da Escola Nova, liderado por Anísio Teixeira.
( ) Na Escola Nova, o professor deve agir como um orientador da aprendizagem, sendo que a iniciativa principal deve partir do próprio aluno.
( ) A Escola Nova volta-se para o interior da escola e estimula o desenvolvimento de práticas didático-pedagógicas ativas.
( ) Na Escola Nova, os conteúdos são colocados de forma seqüencial e ordenados, totalmente desvinculados das outras disciplinas do curso.
( ) O ensino na Escola Nova desconsidera o aluno e o professor é o detentor do conhecimento.
( ) Os conteúdos de ensino são os conhecimentos e os valores acumulados pelas gerações adultas e repassados como verdades.

Atividades de Aprendizagem

Questões para Reflexão

1. Para ser educador, percebemos que não é preciso necessariamente ser autoritário, pois nada é mais pedagógico que desenvolver a autonomia e a criatividade das pessoas, proporcionando-lhes o aprendizado daquilo que é mais fundamental: a liberdade. O professor deve ajudar a desenvolver nos alunos a capacidade crítica, tornando-os aptos a ter conhecimento, a saber o que fazer com este e a não engoli-lo de qualquer maneira. Dentro desses paradigmas analisados, qual você julga ser o mais apropriado para se trabalhar?

2. Uma das principais lições deixadas por John Dewey é a de que, não havendo separação entre vida e educação; aquela deve preparar para esta, promovendo seu constante desenvolvimento. Como ele dizia, "as crianças não estão, num dado momento, sendo preparadas para a vida e, em outro, vivendo".
Então, qual a diferença entre preparar para a vida e para passar de ano?

3. "Ao fazer um plano de aula semanal, o professor preparará e distribuirá as tarefas pelos dias da semana, observando, sempre, que por dia deverá oferecer atividades que abordam três disciplinas, estas variando durante a semana. Como recurso pedagógico, em sala de aula, o professor irá utilizar a aula expositiva, o livro didático, a leitura e o quadro-negro".
Analise a situação, indique qual a tendência mais se identifica com o texto, depois justifique sua resposta.

Atividades Aplicadas: Prática

Tema: a prática pedagógica nos paradigmas inovadores

1. Forme equipes de até quatro participantes para a realização desta atividade.

2. Responda às questões a seguir referentes à prática pedagógica no paradigma emergente.
   a) Como é a prática pedagógica nos paradigmas conservadores?
   b) Pesquise um pouco mais sobre os pressupostos teóricos e práticos dessa abordagem paradigmática e faça um relatório da pesquisa.

3. Elabore uma aula prática de mais ou menos dez minutos que se enquadre nos paradigmas inovadores, de acordo com os tópicos a seguir:
   a) Escolha um tema relacionado aos conteúdos de Química para o ensino médio.
   b) Pesquise teorias e práticas pedagógicas sobre o tema escolhido e determine de que forma será exposto o conteúdo, buscando problematizar e levar o aluno à reflexão.
   c) As equipes deverão apresentar a aula aos demais alunos da turma, podendo utilizar recursos que acharem apropriados e convenientes para a apresentação desta.

Capítulo 2

Antigamente, os recursos materiais utilizados para ministrar uma aula eram restritos. O professor se limitava ao livro didático, a um quadro-negro e giz. Hoje, mediante o intenso volume de informações, as diversas tecnologias científicas e os vários recursos didáticos no ensino-aprendizagem, pela mídia, torna-se importante discutir essas várias representações, principalmente no que diz respeito aos meios empregados para sua realização e aos resultados que poderemos conseguir com essas representações.

Recursos didáticos para o ensino de Química

Neusa Nogueira Fialho

Diante de tantos recursos, convencionais ou tecnológicos, nossa intenção é mostrar que sempre é possível promover aulas mais atraentes e dinâmicas, que despertem o interesse dos alunos para uma aprendizagem significativa e eficiente, desde que o docente se motive.

    Nosso intuito, neste capítulo, é apresentar ao leitor diversos recursos didáticos possíveis de serem utilizados e trabalhados no ensino de Química. Portanto, inicialmente, enfocaremos um dos recursos didáticos mais antigos – usado muitas vezes como ferramenta única no ensino de Química, seja pela má-formação dos professores dessa área, seja pelo desinteresse em buscar novos recursos ou mesmo pela insegurança com relação aos conteúdos –, o livro didático. Apresentaremos suas várias divisões atuais e a necessidade de alguns critérios quanto à escolha de uma obra que se aproxime mais da realidade da escola e do aluno.

Nosso passo seguinte será abordar os recursos didáticos convencionais, chamando a atenção para a necessidade de diversificar as formas de transmissão de conteúdos, visando estimular o interesse e a participação de nossos alunos com recursos diferenciados que vão desde a utilização do quadro-negro até o uso de jogos e de experimentos práticos.

Enfim, chamamos a atenção para os recursos voltados à era tecnológica – tão inovadores e interessantes aos olhos de nossos alunos –, aproveitando para fornecer aos leitores possibilidades e sugestões para a introdução desses meios na prática pedagógica.

2.1 O livro didático

As produções culturais, as quais chamamos de *livro didático*, são resultados concretos de longos anos de pesquisa, formados por realidades, conceitos, testes experimentais e decisões, provenientes de escritores diversificados, cada qual com uma visão contextual e realidade histórico-social diferente. Segundo Prado[1], em uma entrevista para a revista *Nova Escola*, "cada autor propõe uma abordagem específica, sugere recortes, exemplos, exercícios e métodos diferentes de transformar conhecimento em pílulas digeríveis para os estudantes".

Analisando a produção desses materiais numa visão histórico-social, poderemos compreender a contextualidade, a variedade e a diversidade dos textos que participam dessa construção e sua finalidade enquanto livros didáticos. Porém, não podemos considerar o livro didático como uma cópia das políticas curriculares. É relevante que as propostas de ordem legal estejam ligadas à prática pedagógica, a fim de que sejam reinterpretadas conforme as finalidades e as concepções próprias do autor.

2.1.1 Os livros didáticos de Química

O livro didático constitui um dos recursos didáticos mais utilizados no ensino de Química, pois é visto como um apoio na transmissão dos conteúdos programáticos preestabelecidos no início de um ano letivo. No entanto, é válido ressaltar que o professor não pode se agarrar a esse recurso somente, mesmo porque existem diversos autores nessa área, com colocações próprias e diferenciadas, com textos atuais e atividades interessantes.

É importante salientar também que alguns professores utilizam um único livro de Química para ministrar suas aulas, muitas vezes mandando o aluno ler e responder às questões propostas, sem a preocupação de promover uma aula mais elaborada e construtiva. Outro fato lastimável é quando o professor deixa de apresentar determinados conteúdos pela falta de domínio do assunto, provocando um ensino fragmentado e descontextualizado da disciplina.

Nossa pretensão é que o docente use o livro didático como mais um recurso e apoio ao ensino de Química, porém buscando variações em outras obras no que concerne a formas mais claras e contextualizadas para explicações de conceitos, atividades mais diversificadas e abrangentes; experimentos práticos simples e esclarecedores, bem como textos atualizados e direcionados ao cotidiano do aluno.

Atualmente, os livros de Química direcionados ao ensino médio se apresentam divididos em três grandes unidades: química geral, físico-química e química orgânica, podendo estar representados em três exemplares respectivamente na ordem citada ou em volume único, pois a intenção é de que a obra mostre uma visão atual e abrangente do mundo em que vivemos, de forma a estimular "a instrumentalização da Química, ou seja, as habilidades necessárias para a interpretação e aplicação das questões abordadas"[2].

Em química geral, são abordados assuntos introdutórios e básicos para o ensino de Química, geralmente programados para o primeiro ano do ensino médio, trazendo explicações sobre como são formados os mais diversos objetos que nos cercam, de que forma são produzidos, as transformações que sofrem, entre outros, através de temas como: matéria, suas propriedades e constituição, tabela periódica, ligações químicas, as funções inorgânicas (ácidos, bases, sais e óxidos) e alguns aspectos quantitativos da Química.

A físico-química, comumente orientada para ser trabalhada no segundo ano do ensino médio, é uma divisão da Química que estuda tanto as propriedades físicas quanto as químicas da matéria, englobando assuntos como: o estudo das soluções, as propriedades coligativas, a termoquímica, as reações de óxido-redução, a eletroquímica, a cinética química, os equilíbrios químicos e a radioatividade.

Para o terceiro ano do ensino médio, fica programado o estudo dos compostos do elemento carbono, ao qual atribui-se a denominação de *química orgânica*, levando ao discente o entendimento de que esse é o ramo que mais se relaciona com o nosso cotidiano, desenvolvendo assuntos como: hidrocarbonetos, funções orgânicas contendo oxigênio, como álcoois; funções orgânicas contendo oxigênio, como amidas e aminas; o fenômeno da isomeria; as reações orgânicas e os polímeros, tais como a borracha e as proteínas, que são polímeros naturais.

Observe que a quantidade de conteúdos direcionados aos três anos do ensino médio é grande e muito raramente o professor consegue abranger tudo, devido à carga horária com poucas aulas semanais, conforme citamos anteriormente. Porém, cabe ao docente ter discernimento e coerência ao planejar os conteúdos programáticos que serão estudados durante o ano escolar.

Convém acrescentarmos ainda outras divisões da Química, com produções de obras disponíveis para o aprofundamento do ensino químico, tais como: a analítica, que é responsável pela análise química e seus métodos; a bioquímica, que estuda a Química dos seres vivos; e a química industrial, que é direcionada aos processos químicos e os materiais utilizados na indústria.

2.1.2 A escolha do livro didático

O livro didático é hoje, dentro da realidade brasileira, o principal instrumento disponível e utilizado pelo professor de Química para atender ao desenvolvimento das suas atividades e do aprendizado do aluno.

A quantidade de livros disponíveis no mercado é grande, e isso proporciona ao professor várias opções; porém a responsabilidade nesse sentido é ainda maior, pois no momento da escolha é preciso que haja coerência e criticidade. Essa escolha deve ser feita de forma criteriosa, com competência por parte do professor, que juntamente de seu aluno fará dessa produção um instrumento de trabalho.

Em muitas situações, o professor vê o livro didático como opção única de trabalho em sala de aula, restringindo-se às teorias e aos exercícios previamente calculados para preencher o tempo total de uma aula. Porém, é válido ressaltar que o livro didático, visto como apoio para o aprendizado, pode abrir novos horizontes no que diz respeito a recursos didáticos afins.

Dessa forma, podemos concluir que, ao utilizarmos um livro de Química, em conjunto com demais recursos didáticos vistos anteriormente nesta obra, poderemos atender mais amplamente aos interesses de nossos alunos, com mais competência e habilidade, levando-o a ter um papel ativo, capaz de operar as informações disponíveis a ele. Portanto, como diz Campos[3], "É importante frisar que, ao contrário do que alguns talvez possam supor, o problema não reside no livro didático, que cumpre seu papel pedagógico ao tornar disponível um recorte possível do conhecimento acumulado em cada disciplina e se apresenta como produto ao procurar vender-se como facilitador do trabalho do professor".

Pensando no estudante com uma formação maior e mais completa, é importante observar também se o livro escolhido não se limita apenas a textos informativos, com ilustrações fórmulas, tabelas, tornando-se apenas um facilitador da resolução das atividades simplesmente.

2.2 Os recursos didáticos convencionais

A importância dos recursos didáticos dentro do ensino de Química ou de qualquer outra disciplina é fundamental. Por meio destes, o professor pode planejar uma aula mais dinâmica e atraente, criando em seu aluno um interesse maior para a aprendizagem. Existe, atualmente, uma variedade de recursos didáticos, entre eles podemos citar, além do próprio livro didático: revistas, jornais e reportagens; filmes e vídeos direcionados à área; jogos para ajudar no reforço de conteúdos; computador como fonte de pesquisa, entre outros.

No entanto, diante de tantos recursos inovadores, encontramos muitas classes, ainda hoje, usando apenas o quadro-negro como material didático, o que não deixa de ser eficiente se o professor souber utilizá-lo. Porém, dois itens são fundamentais ao se usar um quadro-negro: a letra, que deve ser legível, e a organização do espaço para facilitar a compreensão. Queremos lembrar aqui que alguns professores conseguem a atenção dos estudantes ao ensinar Química simplesmente pela fala e pela escrita, utilizando-se de quadros-negros ou pincel atômico, devido ao alto conhecimento, à simpatia, à liderança e à segurança em suas explanações.

Por meio de revistas e jornais, podemos extrair textos interessantes com informações valiosas, que podem ser levados para a sala de aula, a fim de enriquecer determinado conteúdo. Podemos usar como exemplo uma aula em que o professor esteja trabalhando os vários processos de separação de misturas. Ao explicar a destilação fracionada como um processo usado para separar os componentes do petróleo, ele pode enriquecer a sua aula, interagindo com o conteúdo em questão, o meio ambiente e aproveitando para abordar um tema tão atual e comentado no momento, que é o aquecimento global. Veja que, ao comentar sobre o uso do petróleo, fica perfeitamente possível fazer essa interação.

Os cartazes e os murais também são materiais didáticos interessantes, pois permitem o planejamento de alguns itens da aula com antecedência. Porém, devemos ter o cuidado para que a letra e os desenhos utilizados sejam legíveis, para que as frases sejam curtas, para as cores não sejam usadas em excesso etc. Devemos cuidar para que tenha sempre uma visualização clara e compreensiva para o aluno. Ainda utilizando esse recurso, o professor pode realizar trabalhos em grupos, em que alguns alunos confeccionam a tabela periódica para explicar sua organização em aula expositiva aos demais colegas, enquanto outros produzem cartazes com figuras ou apenas uma representação simbólica de elementos químicos expondo sua aplicabilidade no cotidiano. Veja que, por meio desse recurso, professor e alunos, trabalhando em conjunto, podem realizar uma aula criativa, dinâmica e bastante construtiva.

Filmes e vídeos também são uma ótima opção para facilitar o processo de aprendizagem, devido às imagens apresentadas e à facilidade de observarmos fenômenos que na teoria nos parecem muito vagos. Porém, é importante que o professor assista com antecedência ao filme ou ao vídeo, para avaliar se está realmente dentro do conteúdo programado e, ainda, se não tem erros nas informações.

Entre os vários vídeos educativos na área de Química, podemos citar alguns como: *, que é formado de duas fitas VHS de 30 minutos cada, também encontrado em DVD, e que nos dá uma boa introdução sobre os conceitos das reações químicas. Outro vídeo interessante é o ** (que como o anterior tem em VHS e em DVD), que traz uma abordagem sobre a estrutura do carbono, suas propriedades e suas utilidades. (Esses vídeos são conteúdos de uma coleção composta por seis fitas, porém podendo ser compradas individualmente).

Alguns assuntos, como funções químicas, exigem que o aluno grave as regras de nomenclatura, para que consiga nomeá-los. E para isso ele precisa trabalhar bastante para a fixação. Os jogos podem vir ao encontro dessa necessidade, pois, ao jogar, o aluno acaba praticando essas regras repetidamente, o que o ajuda a memorização do nome.

É possível adaptar vários tipos de jogos para o ensino de Química, assim como para outras disciplinas também. Alguns jogos são bastante fáceis de serem confeccionados, por exemplo: um jogo de cartas que contenha nomes de funções para se "casarem" com suas respectivas fórmulas; o jogo do bingo pode ser adaptado para relacionar símbolos com elementos da tabela periódica (nas bolinhas do bingo podemos colocar os símbolos, para os alunos relacionarem com os nomes dos elementos escritos na cartela).

Veja, a seguir, o modelo de um jogo simples que podemos trabalhar com os alunos em sala de aula.

---

*   Equilíbrio Químico. Direção: David Chamberlain. Produção: TV Ontário. Local: Canadá. Educacional Shop Vídeo, 1980. 60 min.

**   Química Orgânica. Direção: David Chamberlain. Produção: TV Ontário. Local: Canadá. Educacional Shop Vídeo, 1980. 60 min.

Com caixinhas de fósforos, podemos preparar um dominó para trabalhar os nomes de alguns ácidos e bases usados em nosso cotidiano.

Para a confecção do jogo é necessário:

~ 28 caixinhas de fósforos (quantidade de peças do jogo tradicional);
~ Cola, tesoura e caneta;
~ Um retângulo da medida da parte superior da caixinha, dividido ao meio com a caneta;
~ 28 fórmulas de ácidos e bases, com seus respectivos nomes, que serão escritas nos retângulos recortados, assim: de um lado a fórmula e do outro o nome.

Como proceder:

~ Colar a parte interna da caixinha em sua parte externa, para evitar que se abra durante o jogo.
~ Colar os retângulos, divididos, com as fórmulas e os nomes escritos na parte superior da caixinha.
~ Dividir a turma em grupos de 2 a 4 alunos e jogar.

O aluno que terminar as peças primeiro vence o jogo.

~ Em caso de não haver mais encaixes, o aluno que ficar com menos peças na mão vence o jogo.

Figura 1 – Modelo do jogo pronto

H_2S	Ácido cianídrico	HCN	Ácido perdórico	$HClO_4$	Ácido clórico	$HClO_3$	Ácido cloroso
HF	Ácido clorídrico	HCl	Ácido sulfúrico	HBr	Ácido iodídrico	HI	Ácido sulfídrico
$HClO_2$	Ácido hipocloroso	HClO	Ácido sulfúrico	H_2SO_4	Ácido sulfuroso	H_2SO_3	Ácido carbônico
H_2CO_3	Ácido nítrico	HNO_3	Hidróxido de sódio	NaOH	Hidróxido de cálcio	$Ca(OH)_2$	Hidróxido de magnésio

(continua)

(Figura 1 – conclusão)

$Mg(OH)_2$	Hidróxido de amônio	NH_4OH	Hidróxido de ferro II	$Fe(OH)_2$	Hidróxido de ferro III	$Fe(OH)_3$	Hidróxido de prata
$Ga(OH)_3$	Hidróxido de cobalto II	$CO(OH)_2$	Hidróxido de bário	$Ba(OH)_2$	Hidróxido de manganês	$Mn(OH)_2$	Ácido fluorídrico
$Ga(OH)_3$	Hidróxido de cobalto II	$CO(OH)_2$	Hidróxido de bário	$Ba(OH)_2$	Hidróxido de manganês	$Mn(OH)_2$	Ácido fluorídrico

Um recurso muito importante e produtivo que pode ser usado nas aulas de Química, além dos vários materiais didáticos citados anteriormente, é a utilização do laboratório, para que o aluno veja na prática o que lhe pareceu abstrato na explicação teórica, promovendo, dessa forma, uma conexão entre o conhecimento ensinado e o seu dia-a-dia, uma vez que sem esse vínculo o estudante pode distanciar-se e desinteressar-se do assunto proposto.

Note que a abordagem apenas formal não permite que o aluno observe atentamente as várias possibilidades existentes em torno de uma ciência mais real e associada aos avanços científicos e tecnológicos, os quais, de uma forma ou de outra, afetam a sociedade em que vivemos. Dessa forma, uma proposta de Valadares[4] bastante interessante "é o uso de protótipos e experimentos como instrumentos de descoberta, que permitem a aluno e professores desenvolver atitudes científicas em contextos relevantes ao nosso dia-a-dia. [...] quanto mais simples e conceitual é o experimento ou protótipo, tanto mais instrutivo e atraente ele se torna".

Ainda sobre experimentos, Valadares[5] afirma que "Nessa linha de atuação, o professor pode e deve instigar seus alunos a simplificar os experimento e protótipos até reduzi-los a um mínimo em termos de materiais empregados, minimizando custos e maximizando o valor pedagógico de cada projeto específico."

Sugerimos aqui uma prática bastante comum, simples e útil ao dia-a-dia do aluno, que pode esclarecer o entendimento sobre forças intermoleculares.

> **Fazendo sabão caseiro**
>
> **Objetivos:** fabricar sabão caseiro com utilidade e entender como funcionam as forças intermoleculares.
>
> **Materiais:** 5 litros de óleo usado (pós-fritura); 1 quilo de soda cáustica (adquirida em supermercados) 1 litro de água; 1 vidro de desinfetante pinho (500 ml).
>
> Procedimentos:
> ~ Dissolva a soda cáustica em 1 litro de água quente (não é necessário ferver);
> ~ Acrescente todo o óleo, mexendo até adquirir um líquido consistente;
> ~ Coloque o desinfetante e continue mexendo até sua incorporação (o pinho dá a cor e ajuda na solidificação do sabão);
> ~ Despeje a substância formada em caixas de papelão sem tampa e sem vazamentos. Podem ser utilizadas também caixas quadradas de pizza. Espere secar de dois a três dias e corte em pedaços adequados à utilização.

E, para finalizarmos o assunto de recursos didáticos, sugerimos o uso da multimídia nas aulas, como mais uma opção de recurso didático. Porém é necessário um cuidado maior por parte do professor, para que esse tipo de aula seja bem conduzido, a fim de que o aluno não se disperse mediante a variedade de informações e de recursos disponibilizados.

2.3 As tecnologias da informação: inovação em recursos didáticos

Os veículos de comunicação vêm evoluindo, desde muito tempo, porém de forma lenta e gradativa. Somente nas últimas décadas do século passado é que percebemos um salto bem grande nesse sentido.

Uma das tecnologias muito utilizadas como veículo de comunicação é a reprodução de sons e imagens, como a televisão – meio de comunicação difundido de forma abrangente, demonstrando total influência sobre pessoas de várias classes sociais.

Por meio dela, é possível saber o que se passa no mundo todo, e o mais interessante é que podemos ver fatos e acontecimentos em tempo real.

Por causa da sua falta de interatividade, esse meio de comunicação fica bastante restrito como um recurso para o ensino-aprendizagem, porém, não distante no que se refere à reprodução de um filme, por exemplo, direcionado a um tema específico na área de Química. No entanto, mediante o avanço tecnológico, já temos conhecimento do sistema de transmissão digital, o qual permite que o indivíduo interaja com a televisão, entretanto, atingindo um número bastante limitado de usuários.

Segundo Moreira[6],

> Um salto ainda maior, que vem revolucionando as relações entre os indivíduos, é a informática, que, com a produção de computadores cada vez mais avançados, contribui enormemente para uma comunicação mais fácil e acessível.

É importante destacar, ainda, que por meio da evolução tecnológica o progresso na área educacional também aconteceu, pois a utilização dos computadores como um meio, no processo educativo, foi causando uma aproximação entre o homem e a máquina de forma bastante interativa e abrangente.

Portanto, o computador faz parte do cenário escolar hoje e fará cada vez mais, certamente, por apresentar múltiplas possibilidades de uso.

Aproveitando a popularização da internet e usufruindo desse veículo tão rápido e viável, encontramos professores que buscam essa tecnologia para complementar suas aulas.

Capaz de provocar grandes transformações nas práticas docentes e nos processos de aprendizagem, o computador pode ser visto como uma ferramenta bastante poderosa. Segundo Brito[7], "a introdução de novas tecnologias na educação (principalmente da informática) deve-se à busca de soluções para promover melhorias no processo de ensino-aprendizagem, pois os recursos computacionais, adequadamente empregados, podem ampliar o conceito de aula, além de criar novas pontes cognitivas".

2.3.1 Multimídia, hipertexto e hipermídia no ensino de Química

Um dos termos mais freqüentes e atuais usado em publicações sobre mídia e computadores é *multimídia*, que Reis[8] define como sendo a "capacidade de um computador ou programa de usar recursos de texto, imagens, sons e animação."

A multimídia permite ao usuário pesquisar informações para estudos em diversas áreas do conhecimento, para sua aprendizagem, para seu dia-a-dia, para a vida. Além disso, "integrando diferentes metodologias, comunicação oral e escrita, hipertexto e multimídia, a transição de um meio para outro pode proporcionar uma aprendizagem mais dinâmica, agradável e, conseqüentemente, com possibilidades de ser mais significativa[...]"[9].

Porém, vale ressaltar que por mais interessante e motivador que seja o uso do computador no processo ensino-aprendizagem, o docente ainda é o mais capacitado para sanar as dúvidas que possam ocorrer em determinadas formas de uso desse meio. Portanto, é de grande importância que o professor tenha conhecimento para utilizar o computador em sala de aula e consciência e responsabilidade para agir como mentor, a fim de conduzir o aluno para a aprendizagem.

Muitas vezes, na leitura de um texto, algumas palavras dificultam nossa interpretação, fazendo com que recorramos ao dicionário e, em alguns casos, há a necessidade de buscar ajuda até em um livro referente ao assunto. Para atender a essas necessidades com mais facilidade, encontramos hoje um dos pontos mais importantes da multimídia, que é o hipertexto.

Mas o que vem a ser hipertexto?

De acordo com Brito, "hipertexto é um sistema que permite visualizar informações para documentos que contêm referências internas para outros documentos. Há uma organização de unidades de informação por meio de associações interligadas. Essas referências internas são chamadas *hiperlinks*, ou apenas *links*".[10]

Com o uso de hipertextos, é possível saltar de um assunto para outro, pois os *links* são normalmente indicados por imagens ou textos em cores diferentes ou sublinhados. Portanto, ao clicar nessa ligação (*links*), somos levados até o texto interligado.

Por exemplo, em Química, se o aluno estiver pesquisando sobre funções inorgânicas, encontrará os ácidos, as bases, os sais e os óxidos. No entanto, no percurso da pesquisa, encontrará assuntos relacionados a essas funções, como a chuva ácida, que é relacionada a alguns óxidos, que em contato com a água formam as chuvas ácidas; esse tema estará destacado em outra cor e sublinhado, permitindo que o aluno possa estender mais sua pesquisa e assim adquirir conhecimento sobre vários aspectos ligados ao mesmo tema.

Dentro das características da multimídia, percebemos nas experiências do ensino tanto uma interatividade como uma pluralidade de meios, como jornal, televisão, vídeo, retroprojetor, projetos de *slides*, enfim. No entanto, a multimídia assume hoje uma amplitude maior, pois integra em um único meio informações visuais e sonoras, dispensando alguns dispositivos citados anteriormente.

Porém, um sistema muito mais usual que os sistemas da multimídia é o sistema de hipermídia, pois une os conceitos de hipertextos e multimídia. Como ressalta Cortelazzo[11], "o termo *multimídia* é também usado com o conceito de hipermídia, quando se tem a característica hipertextual, ou seja, a navegação associativa que possibilita a busca de maiores informações a partir de pontos de interesse, construindo uma rede de caminhos diferentes."

Reis[12] diz que a hipermídia "possui capacidade de agregar várias mídias, como texto, hipertexto, imagens, sons, vídeos, animação em um único arquivo". Vamos citar um exemplo muito comum no mundo da Química, que é a tabela periódica. Devido à grande quantidade de elementos químicos existentes, fica muito difícil para o professor tratar de todos eles, explicando características, classificação e até mesmo o uso destes no cotidiano. O professor até consegue comentar sobre alguns, porém vagamente. Entretanto, se o aluno tiver acesso à multimídia, esse processo se torna mais fácil e abrangente, pois ele pode pesquisar na escola, acompanhado pelo professor ou, ainda, em sua própria casa, mediante informação de um *site* adequado ao assunto e proposto pelo professor.

O acesso à internet como auxílio à multimídia educativa requer alguns critérios e rigores. O professor precisa ter conhecimento das informações; se estas são verdadeiras ou não, quais os procedentes e se os bancos de dados são confiáveis. Mediante informações maciças é fundamental que o docente atue como orientador, ensinando seu aluno a filtrar informações essenciais, que o levem a adquirir confiança para distinguir o certo do errado.

Para tanto, é importante que o professor tenha conhecimento das novas tecnologias e consciência de que não existe aprendizagem sem esforço. Dessa forma, os programas de multimídia visam objetivos definidos com planejamento prévio, a fim de evitar uma aprendizagem de forma incompleta ou até mesmo superficial.

2.3.2 *Softwares* na educação de Química

A utilização de computadores em processos de ensino-aprendizagem nos permite diversas leituras, visto a evolução tecnológica do mundo atual. Uma delas é a utilização de *softwares* educativos.

Segundo Paglis[13], podemos definir *software* como "o conjunto de instruções/programas que controlam o funcionamento do computador".

Existem diferentes modalidades para classificar os *softwares* usados na educação. Alguns deles são utilizados a partir de uma visão do computador como se fosse uma máquina de ensinar, como os *softwares* de exercício e prática ou os tutoriais, por exemplo. Porém, se o professor tiver conhecimento e objetivar a produção deste por parte do aluno, com espírito inovador, que o eleve e o conduza na busca de mais conhecimento, todas a modalidades podem se tornar úteis, pois, como Tajra[14] afirma, "o professor precisa conhecer os recursos disponíveis dos programas escolhidos para suas atividades de ensino, somente assim ele estará apto a realizar uma aula dinâmica, criativa e segura."

Vamos abordar agora algumas modalidades de *softwares* que devem ser de conhecimento dos docentes e encontram-se classificadas de acordo com o desempenho de suas funções, tais como os de exercício e prática, de tutoria, de jogos educativos, de simulações e os de autoria.

Os ***softwares* de exercício e prática** são versões eletrônicas dos exercícios trabalhados normalmente em sala de aula; são baseados no estímulo e na resposta, porém têm como vantagens: a disponibilidade do aluno para uma grande quantidade de atividades que pode resolver de acordo com seu interesse e seu grau de conhecimento, além de proporcionar uma resposta imediata para os erros que comete.

Já os *softwares* **tutoriais** atuam como um tutor individual, visando o ensino com controle, no processo da aprendizagem. Passa a ser uma mera reprodução da sala de aula convencional, ou seja, após algumas informações, encontramos uma série de questões, com um limite de respostas possíveis. Obviamente *softwares* assim permitem a introdução do uso de computadores na sala de aula, porém sem grande aplicabilidade na aquisição do conhecimento.

Encontramos, também, **softwares com jogos pedagógicos** direcionados a diversas áreas do conhecimento e que chamam bastante a atenção e o interesse dos indivíduos, pois levam-nos a aprender de forma divertida, fazendo acontecer uma relação gostosa entre o indivíduo e o seu lado lúdico.

Um *software* bem interessante que exemplifica essa modalidade e pode ser aplicado na disciplina de Química é o "Comprando compostos orgânicos no mercado"[*]. Esse jogo envolve algumas funções químicas, bem como seus devidos nomes, e é composto por duas opções; em uma delas, o aluno deve clicar no produto da prateleira que contém na fórmula o composto pertencente à função que vem citada no carrinho de compras; e, na outra opção, o aluno clica em cima do produto da prateleira, cujo composto da fórmula contém o nome da função citada no carrinho. Cada acerto dá dez pontos ao aluno e cada erro desconta cinco pontos, tudo com tempo cronometrado.

O computador apresenta uma possibilidade de reproduzir modelos de fenômenos do mundo real, que certamente não poderiam ser trabalhados com qualidade e realismo pelos alunos, na prática convencional de ensino, são as **simulações**. O uso de bons programas de simulação leva o aluno a desenvolverem hipóteses, colocá-las em teste e a analisar os resultados.

O Equil[**] é um exemplo de *software* de simulação que desenvolve a aplicabilidade do equilíbrio químico, conteúdo básico e de grande

---

[*] Você pode ter mais informações e acesso ao jogo através do *site* Mocho, que está disponível em: <http://www.mocho.pt/Ciencias/Quimica/quimicaOrganica/>.

[**] Para obter maiores informações sobre esse acesse o : <http://www.gabriela.trindade.nom.br/?page_id=23>.

importância na Química, envolvendo variações de concentração de mol e temperatura.

Uma outra forma de visualizar o computador é como se ele fosse uma ferramenta por meio da qual o aluno executa uma tarefa pelo computador; é o aluno quem desenvolve algo. Dentro dessa forma de visualizar, encontramos os chamados *softwares* **de autoria**. Neles o aluno trabalha como autor, desenvolvendo assim sua criatividade. É um material possível de se trabalhar com exposição de dados e construção do conhecimento. E ainda não é necessário que se conheça uma linha de código de programação.

Os *softwares* dão oportunidades para se desenvolver projetos, levando professor e aluno à investigação, à interação, à criação, à reflexão e à valorização de uma produção, o que facilita e favorece o trabalho de interdisciplinaridade e de cooperação. Sendo assim, podemos concluir que há uma auto-aprendizagem, pois o aluno aprende porque faz, investiga e descobre por si mesmo, constituindo, dessa forma, uma aprendizagem bastante significativa, ficando retida em sua memória por mais tempo.

Segundo Teixeira e Brandão [15],

> *O programa Microsoft Power Point, em sua concepção inicial, foi projetado para a produção de slides e apresentações multimídia, entretanto, devido à própria natureza de seus recursos básicos e da interface gráfica que o hospeda, é possível propor projetos que envolvam outros tipos de aplicações como, por exemplo, banners, pôsters, folders, murais eletrônicos, softwares educacionais, etc.*

Por meio desse programa é possível elaborar apresentações sobre temas diversos, podendo-se usar figuras, sons e animações no texto de diversas formas. É uma excelente opção, pois oferece uma variedade de recursos na construção de telas interativas e é de fácil acesso, pois faz parte do Microsoft Office, portanto, a maioria dos usuários já o possui em seus computadores.

Entre os *softwares* desenvolvidos como recurso ao ensino de Química, podemos destacar o BCTC e o Lake Study, por serem programas já avaliados por professores e que oportunizam a construção do conhecimento e o uso de metodologias científicas, por intermédio da simulação de problemas ambientais, promovendo atividades interativas, visando à aprendizagem e à aplicação dos conhecimentos de Química. No entanto, esses programas apresentam algumas falhas, como textos mal estruturados, ausência de conclusão para os dados recolhidos durante as simulações, além de disponibilidade apenas em língua inglesa.

Encontramos *softwares* bastante interessantes nessa área que permitem grande interatividade, como o QuipTabela, que é referente à tabela periódica e é constituído das seguintes seções: elementos, biografias, gráficos, ordenação, comparação, descrição, identificação, entre outras. Ao se clicar em um dos elementos, uma nova janela é aberta, mostrando informações sobre o elemento selecionado, e assim em cada uma das seções. A versão 4.01 é a mais recente do *software* QuipTabela.

Outro *software* desenvolvido na área de educação química é o Carbópolis*. Ele foi desenvolvido pela área de Educação Química do Instituto de Química da Universidade Federal do Rio Grande do Sul (UFRGS) em parceria com o Programa Especial de Treinamento do Instituto de Informática da mesma universidade. Trata-se de um programa relacionado à poluição do ambiente, no qual o discente precisa encontrar soluções para os diversos assuntos que envolvem o tema em questão, tais como: poluição do ar, chuva ácida etc.

Sendo a internet um recurso em ascendência e que vem sendo utilizado na maioria das escolas e das universidades devido à sua amplitude

---

* Para obter maiores informações sobre esse software acesse o site: <http://www.gabriela.trindade.nom.br/?page_id=23>.

de informações e ao seu fácil acesso, queremos deixar claro ao professor que é bastante viável que utilize esse recurso para estimular seus alunos nas atividades de pesquisas, apresentando-lhes uma aula mais interessante e diferente das convencionais.

No entanto, é válido ressaltar que cada estabelecimento de ensino enfrenta uma realidade: enquanto uns se privilegiam de muitos recursos, outros se encontram na escassez. Sem contar que alguns não podem contar com computadores e internet. Porém, diante de tantos outros recursos, com habilidade e interesse por parte do professor, acreditamos que seja possível ministrar aulas estimulantes que envolvam o aluno no processo educativo, promovendo, assim, a conquista de novos conhecimentos e a valorização da aprendizagem.

Síntese

Adquirir e transmitir conhecimentos químicos exige do professor muita determinação e um grande envolvimento, para tanto é necessário que ele tenha disponibilidade e comprometimento. Queremos finalizar este capítulo confiantes de que contribuímos para aumentar o rol de qualidades que permeia o bom desempenho do trabalho docente, chamando a atenção para a grande variedade de recursos didáticos disponíveis e colaborando com o processo de ensino-aprendizagem.

Buscamos entender que o livro didático é considerado um recurso valioso e atual e, portanto, sua escolha deve ser analisada com cautela e sua utilização precisa ser coerente e planejada, visualizado-o como instrumento principal à disposição do professor no ensino de Química.

Compreendemos que os recursos didáticos convencionais também contribuem para a estimulação de interesses e para a participação do aluno e que estes podem ser trabalhados juntamente com outros, buscando sempre promover diferentes maneiras de repassar os conteúdos de Química e atingir o desenvolvimento do aluno.

Em se tratando de tecnologias da informação, ficou claro que a evolução é contínua e cada vez mais rápida, portanto, o professor não pode se acomodar ou simplesmente ignorar, mas, sim, buscar mais conhecimento para acompanhar as inovações nessa área.

Foi possível, também, conhecer alguns meios tecnológicos possíveis de serem utilizados em sala de aula, como: multimídia, hipermídia, hipertexto e , com alguns exemplos citados, os quais constituem uma forma excelente e diferente para a aquisição do conhecimento.

Porém, como Nóvoa[16] diz: "não há ensino de qualidade, nem reforma educativa, nem inovação pedagógica sem uma adequada formação de professores", deixando aqui um desafio aos novos formandos. Portanto, é importante que se faça uso dessa diversidade de recursos didáticos e que se busque o entendimento para que essas novas tecnologias não se tornem apenas uma empolgação passageira, mas meios que objetivem a preparação de nossos alunos para a vida, para que sejam capazes de acompanhar a evolução como um todo no processo educativo.

Indicações culturais

Livros

ZÓBOLI, G. **Práticas de ensino**: subsídios para a atividade docente. São Paulo: Ática, 2004.

MORAN, J. M.; MASETTO, M. T.; BEHRENS, M. A. **Novas tecnologias e mediação pedagógica**. São Paulo: Papirus, 2000.

FIALHO, N. N. **Jogos no ensino de Química e Biologia**. Curitiba: Ibpex, 2000.

Sites

MOCHO. *Softwares* de Química. Disponível em: <http://www.mocho.pt/outros/servicos/software/quimica/>. Acesso em: 02 jul. 2008.

Química Nova. *Disponível em: <http://www.foco.lcc.ufmg.br/ensino/qnesc/qnesc-10.html>. Acesso em: 02 jul. 2008.*

Chaves, E. *O computador na educação. Disponível em: <http://www.chaves.com.br/TEXTSELF/EDTECH/funteve.htm>. Acesso em: 02 jul. 2008.*

Atividades de Auto-avaliação

1. Capaz de provocar grandes transformações nas práticas docentes e nos processos de aprendizagens, é um instrumento que pode ser considerado uma ferramenta bastante poderosa:
   Assinale a resposta que corresponde à descrição feita:
   a) Quadro-negro.
   b) Livro didático.
   c) Computador.
   d) Cartazes.

2. Com relação às diferentes modalidades usadas na educação, assinale (V) para as afirmações verdadeiras e (F) para as falsas e, em seguida, assinale a alternativa que corresponde à seqüência correta:
   ( ) Os *softwares* de exercício e de prática são versões eletrônicas dos exercícios trabalhados normalmente em sala de aula.
   ( ) Os *softwares* de autoria são usados, numa visão do computador, como se fossem máquinas de ensinar.
   ( ) Os *softwares* tutoriais visam ao ensino com controle no processo da aprendizagem.
   ( ) O uso de bons programas de simulação leva o aluno a desenvolver hipóteses, a colocá-las em teste e a analisar os resultados.
   ( ) Nos *softwares* de autoria, o aluno é impedido de desenvolver sua criatividade, pois são baseados apenas no estímulo e na resposta.

a) V, F, F, V, F
b) V, F, F, F, V
c) V, F, V, V, F
d) V, V, F, F, V

3. Um recurso muito importante e produtivo que podemos usar nas aulas de Química, além dos vários materiais didáticos citados anteriormente, é o laboratório. Com relação a esse recurso, é **incorreto** afirmar:
   a) A utilização dessa ferramenta leva o aluno a visualizar na prática o que lhe pareceu abstrato na explicação teórica.
   b) Esse recurso promove uma conexão entre o conhecimento ensinado e o dia-a-dia do aluno, uma vez que sem esse vínculo o estudante pode se distanciar e se desinteressar do assunto proposto.
   c) A abordagem apenas formal não permite que o aluno observe atentamente as várias possibilidades existentes em torno de uma ciência mais real e associadas aos avanços científicos e tecnológicos que, de uma forma ou de outra, afetam a sociedade em que vivemos.
   d) Quanto mais simples e conceitual for o experimento ou o protótipo, mais desinteressante e sem perspectivas ele se torna.

4. A importância dos recursos didáticos dentro do ensino de Química ou de qualquer disciplina é fundamental. Por meio deles...
   Assinale a opção que completa a frase:
   a) o professor consegue mais disciplina em sala de aula.
   b) o professor não precisa se preocupar muito com a letra no quadro-negro.

c) o professor consegue repassar todos os conteúdos sem a sua influência e a sua autoridade.
d) o professor pode planejar uma aula mais dinâmica e atraente, chamando seu aluno a um interesse maior pela aprendizagem.

5. O acesso à internet como auxílio à multimídia exige certos critérios que devem ser adotados. Assinale o critério que não condiz com as características dessa função.
a) O professor precisa ter o conhecimento das informações.
b) É preciso planejamento prévio para utilização.
c) Não é necessário saber da procedência dos dados pesquisados.
d) O professor deve ser um orientador.

6. Assinale (V) para as alternativas verdadeiras e (F) para as falsas:
a) Em se tratando de livro didático, pode-se afirmar que:
( ) As produções culturais, as quais chamamos *livro didático*, são resultados concretos de longos anos de pesquisa, formados por realidades, conceitos, testes experimentais e decisões, provenientes de escritores diversificados, cada qual com uma visão contextual e realidade histórico-social diferente.
( ) Geralmente, os livros de Química apresentam-se divididos em três grandes unidades: química geral, físico-química e química orgânica.
( ) O início ao processo de avaliação pedagógica de livros didáticos aconteceu em 1996, pelo Programa Nacional do Livro Didático (PNLD). Em parceria com as universidades, o MEC realiza a avaliação dos livros didáticos, em 2002.
( ) O professor não possui muitas opções de escolha de livros didáticos, pois a quantidade de livros disponíveis no mercado é pequena.

( ) A escolha do livro didático deve ser feita de forma criteriosa, com competência por parte do professor, que, juntamente de seu aluno, fará dessa produção um instrumento de trabalho.

b) A utilização de computadores em processos de ensino-aprendizagem permite-nos diversas leituras devido à evolução tecnológica do mundo atual. Para a educação é importante que:
( ) a incorporação das tecnologias contribua para a qualidade do ensino.
( ) a tecnologia seja mais um instrumento que desafie o aluno a aprender.
( ) a simples presença da tecnologia na escola, garante a qualidade na educação.
( ) o fazer tecnológico se sustente num saber tecnológico, expandindo conhecimentos.
( ) o professor não tenha conhecimento das novas tecnologias.

c) O papel do professor perante as novas tecnologias deverá ser o de:
( ) Dar sentido ao uso da tecnologia.
( ) Estar desatualizado com as inovações tecnológicas.
( ) Criar situações de aprendizagem, utilizando-as.
( ) Produzir conhecimento com base em um labirinto de possibilidades.
( ) Ser o único a manusear essa tecnologia.

7. Enumere as colunas de acordo com a correspondência:
I. Multimídia
II. Hipertexto
III. Hipermídia

( ) É um sistema que permite visualizar informações para documentos.

( ) É um dos termos mais freqüentes e atuais que contêm referências internas para outros documentos usados em publicações sobre mídia e computadores.

( ) É possível saltar de um assunto para outro, pois *links* são normalmente indicados, por imagens ou textos.

( ) Documento hipertexto que incorpora textos, gráficos, sons, imagens e animações.

( ) É a capacidade de um computador ou de um programa em usar recursos de texto, imagens, sons e animações.

( ) Há uma organização de unidades de informação por meio de associações interligadas.

A seqüência correta é:
a) II, I, III, II, I, II.
b) I, II, III, I, II, I.
c) II, III, I, II, III, I.
d) II, I, II, III, I, II.

Atividades de Aprendizagem

Questões para Reflexão

1. Para Moran et al. (2006), "a internet será ótima para professores inquietos, atentos a novidades, que desejam atualizar-se, comunicar-se mais. Mas ela será um tormento para o professor que se acostumou a dar aula sempre da mesma forma, que fala o tempo todo na aula, que impõe um único tipo de avaliação". Diante dessa afirmação, o que você pensa sobre o papel do professor perante a inclusão das novas tecnologias nas escolas?

2. "Hoje, a informação é a própria matéria-prima da tecnologia, o principal fator de produção de riquezas", segundo o filósofo francês Pierre Lévy (1993). Não é possível ignorar os avanços tecnológicos; para produzir, entender, aprender e educar, é cada vez mais necessário conhecer a linguagem digital. É nela que, atualmente, a informação é gerada, processada, armazenada e transmitida. Frente a todas essas mudanças que ocorreram, você percebe alguma implicação educacional no uso dessas tecnologias? Qual?

Atividades Aplicadas: Prática

Tema: As tecnologias da informação, a educação e o homem

1. Forme equipes de até quatro participantes para a realização desta atividade.

2. Realize as questões a seguir referentes às inovações tecnológicas e à sua utilidade na educação e na vida do ser humano.
   a) Pesquise e relate as várias inovações tecnológicas.
   b) Na sua opinião, como as tecnologias da informação contribuem para a educação?
   c) Que vantagens e/ou desvantagens que essas tecnologias podem acarretar ao ser humano? Justifique sua resposta.

3. Prepare uma apresentação sobre sua pesquisa, que pode ser em forma de:
   a) Painéis com textos e gravuras.
   b) Apresentação no Microsoft PowerPoint.
   c) Jornais demonstrativos com divulgação dos textos e ilustrações produzidos pelo aluno etc.

Capítulo 3

A avaliação tem sido fonte de muitas discussões na área educacional; há muitas opiniões diferenciadas sobre como deve ser a sua prática na escola. Os julgamentos baseados na ideologia positivista concebem a avaliação como uma prática de verificação e classificação. As opiniões baseadas na psicologia construtivista percebem a avaliação como diagnóstica, sendo um ponto de partida para possíveis intervenções que contribuam para a aprendizagem da criança.

Perspectivas teóricas da avaliação educacional e suas implicações no ensino de Química

Luciana Rosenau

A avaliação educacional, em sua trajetória histórica, passa por diferentes concepções, interferindo na forma com que os professores ministram suas aulas, na elaboração e na utilização dos instrumentos.

No primeiro capítulo desta obra, vimos a prática docente do professor de Química, passando por uma breve abordagem sobre as metodologias de ensino, em que enfocamos os paradigmas conservadores e inovadores, dando ênfase ao docente e à sua relação com os alunos e oferecendo opções para a transmissão dos conteúdos químicos.

Neste capítulo, vamos entender os paradigmas dentro das concepções pedagógicas, porém, dando um enfoque maior à avaliação. Pretendemos também lhe possibilitar uma visão geral do que foi e é a avaliação no contexto educacional e como a Lei de Diretrizes e Bases da Educação Nacional – LDB n° 9.394/96, institui e determina a sua execução na escola.

3.1 Contexto histórico da avaliação

Os primeiros esforços com a intenção de medir a inteligência por meio de testes eram praticados pelos chineses há pelo menos 1.500 anos. Esses exames eram utilizados para determinar, conforme as capacidades de cada pessoa, quais seriam suas funções e responsabilidades dentro do grupo ao qual pertencia. De acordo com Melão Junior,[1] a intenção era dividir a população em três castas, e os testes pretendiam avaliar a capacidade mnemônica – habilidade de interpretar os textos clássicos e a aptidão para escrever poemas.

Foi no fim do século XIX que os estudos mais sistematizados sobre a avaliação da aprendizagem começaram a se desenvolver, com Robert Thorndike. Santos[2] nos informa que a intenção era medir as manifestações do comportamento humano e as mudanças ocorridas em determinado tempo, por meio da elaboração de testes e medidas educacionais.

Os primeiros testes de inteligência foram desenvolvidos por Alfred Binet* e foram criados com a intenção de diagnosticar as deficiências mentais. Foram desenvolvidos diversos questionários que foram aplicados a crianças de diferentes faixas etárias, originando, com essa prática, o **conceito de idade mental**** do sujeito. Segundo Melão Junior,[3] com a

---

* Alfred Binet foi considerado o pai dos testes psicométricos.
** De acordo com Anastasi, Alfred Binet preferia usar a expressão *nível mental* em vez de *idade mental*.

idéia de **idade mental** ou **nível mental**, era possível comparar se a idade cronológica era compatível com a idade mental e determinar se havia atraso ou aceleração no desenvolvimento da criança.

Na década de 1930, a prática da avaliação como medida se tornou abrangente com a utilização dos testes padronizados. Assim, as provas cada vez mais técnicas para medir o processo de aprendizagem ganharam campo e se tornaram uma prática comum nas escolas. As décadas seguintes continuaram com uma avaliação baseada na concepção de medida.

Sousa[4] nos conta que na década de 1960 foi instituído o primeiro documento sobre as diretrizes e bases da educação nacional sob a forma de lei – LDB n° 4.024/61. Nela, a avaliação foi prevista apenas como classificatória, mantendo a característica de medida. Na década de 1970 foi instituída uma nova LDB, a de n° 5.692/71, a qual acrescentou ao artigo que mencionava sobre a avaliação a função de informar ao indivíduo acerca da avaliação do seu trabalho e desempenho como um todo, com a intenção de fornecer dados para o acompanhamento, controle e reformulação das propostas curriculares. Nessa perspectiva, a avaliação se manteve caracterizada por uma prática de medida e de classificação, a qual afastava da escola aqueles alunos que não se ajustassem ao seu sistema.

As décadas de 1980 e 1990 foram inspiradoras quanto às idéias progressistas de educação que possibilitaram debates sobre o processo de avaliação educacional, os quais contribuíram para a formulação do que concerne a avaliação na LDB n° 9.394/96, que é a LDB vigente até o momento da escrita desta obra. A nova LDB, que será apresentada na seqüência deste capítulo, prevê a avaliação de uma forma bem mais inclusiva que as anteriores.

Todavia, mesmo sendo uma prática de avaliação determinada por lei, observa-se que esta ainda não está sendo cumprida, e quando há tentativas de segui-la percebe-se uma má interpretação da mesma e um emprego precário nos recursos para efetivá-la. Outro agravante está na concepção de educação do professor ainda instaurada em modelos tradicionais e tecnicistas da prática pedagógica e no processo de formação dos professores, o qual parece não estar dando conta de romper com esse paradigma dominante.

Percebemos que há muita dificuldade em mudar uma prática pedagógica inspirada no modelo filosófico-positivista, o qual evidencia uma prática tecnicista na educação escolar, com uma avaliação voltada para a classificação visando ao produto. Portanto, buscamos refletir sobre os modos de avaliar para que, ao tentar mudar, não percamos a qualidade do ensino e da aprendizagem, a qual, infelizmente, já foi perdida por muitas instituições educacionais.

3.2 Avaliação e legislação no Brasil

A avaliação praticada e elaborada pelos professores de Química atualmente é o retrato da concepção pedagógica e das leis que fizeram e fazem parte do contexto social e histórico; por isso, com a intenção de ajudar o professor a compreender o porquê de determinados "costumes", consideramos importante a leitura sobre a legislação da avaliação no Brasil.

O processo de avaliação faz parte do processo educacional e, como tal, é previsto por lei.

As LDBs 4.024/61 e 5.692/71 não ofereceram atenção suficiente às questões relativas à avaliação escolar. Diferente das leis anteriores, a LDB 9.394/96 dedica maior atenção à avaliação e apresenta alguns artigos sobre esse componente do processo ensino aprendizagem.

Observamos que, mesmo a LDB de 96 possuindo um discurso inovador quanto à avaliação, ainda há muitos educadores que resistem às mudanças previstas ou não atribuem atenção suficiente à avaliação escolar, sem contar com aqueles que desconhecem o conteúdo do texto redigido nessa lei.

Diante dessa situação, consideramos necessário conhecer algumas das determinações legais sobre o processo de avaliação educacional estabelecidas até os dias atuais.

A primeira LDB foi instituída em 1961 (LDB n° 4.024/61), a qual previa a avaliação num sentido classificatório, a LDB de 1971 (LDB n° 5.692/71) seguiu o mesmo enfoque classificatório inserindo somente a importância de informar o aluno sobre seu desempenho mediante o acompanhamento das atividades escolares realizadas.

A LDB de 1996 (LDB n° 9.394/96) valoriza a avaliação como um processo contínuo e qualitativo, que visa à prevenção de dificuldades de aprendizagem, diminuindo o caráter classificatório.

Apresentamos a seguir algumas das características da LDB n° 9.394/96 referentes à avaliação na educação básica:

~ Diagnóstica;
~ Contínua/Qualitativa/Cumulativa;
~ Sair do ensinar para o aprender;
~ Calcada nos objetivos, e não em notas;
~ Compromisso com a qualidade e com a aprendizagem do aluno;
~ Autonomia, flexibilidade e liberdade para as escolas, em seu projeto político-pedagógico, terem poder de decisão;
~ Previsões para o processo de recuperação de garantia da aprendizagem e para a classificação e a reclassificação dos alunos.

Sobre o processo de recuperação e de garantia da aprendizagem na educação básica, a LDB n° 9.394/96 apresenta o artigo 3°, inciso IV e IX; o artigo 4°, inciso VI; o artigo 12, inciso V; o artigo 13, inciso IV; o artigo 24, inciso V, os quais apresentam as seguintes idéias:

~ Zelar pela aprendizagem dos alunos;

- Estabelecer estratégias de ensino para quem não aprende;
- Adequar a oferta e as aulas às condições do aluno;
- Refletir sobre a possibilidade de a escola ser responsável pelo fracasso dos alunos;
- Prover meios de recuperação;
- Ser tolerante com as condições dos alunos.

Sobre a classificação e a reclassificação dos alunos na educação básica, a LDB n° 9.394/96 presume nos artigos 3°, inciso X e XI, artigo 23, parágrafo 1° c); artigo 24 incisos I-II-V; artigo 36, parágrafo 4°e art. 40 e art. 41 os seguintes pensamentos:

- A escola possui autonomia para atender às particularidades de sua clientela;
- A escola possui autonomia para distribuir os alunos em decorrência dos seus conhecimentos;
- A classificação da aprendizagem é o processo que ocorre mediante o posicionamento do aluno em série compatível com sua idade, conhecimento e desempenho escolar;
- A reclassificação da aprendizagem é o processo que ocorre mediante o reposicionamento do aluno em série diferente da que o seu histórico escolar informa;
- A reclassificação dos alunos ocorre em situação de transferência entre escolas no próprio país ou exterior e em situação de não-aprovação do aluno em casos de não-freqüência do mínimo de 75% ou não-atingimento de notas, contanto que o aluno demonstre aprendizagem e desempenho adequado à série em que será inserido;
- Possibilidade de avanço em qualquer série, menos na primeira;
- Possibilidade de aproveitamento de estudos;
- Atividades extra-escolares para uma aprendizagem de qualidade;
- Cumprimento dos 200 dias letivos em atividades escolares e extra-escolares;

~ 75% de freqüência mínima, com possibilidade de reclassificação ou complementação para alunos que apresentem desenvolvimento;
~ Compromisso com a aprendizagem dentro ou fora da escola.

De acordo com as características apresentadas, conseguimos observar que há mais oportunidades no processo de avaliação do que o praticado em leis anteriores. Todavia, é importante ressaltar que a concepção classificatória é difícil de mudar só com a lei; a principal necessidade de mudanças é do professor, pois este é peça-chave no modelo de ensino, o qual deverá ter uma formação que conscientize o compromisso com a realidade social e estimule a prática de uma concepção inovadora na educação.

O Exame Nacional do Ensino Médio (Enem), instituído em 1998, foi concebido pelo Instituto Nacional de Estudos e Pesquisas Educacionais Anísio Teixeira (Inep) após a LDB n° 9.394/96, que enfatiza a articulação entre o conceito de cidadania e o de educação básica, possibilitando um modelo de avaliação de desempenho por competência, o qual é ofertado anualmente aos estudantes que concluíram o ensino médio.

O processo de avaliação do Enem busca seguir as tendências de um novo paradigma pedagógico. É uma avaliação que pretende romper com a ênfase dada somente à capacidade de memorização do sujeito, pois valoriza a aferição das estruturas mentais. Observa-se como importante que o respondente saiba utilizar o conhecimento, pois é uma prova que privilegia o raciocínio.

O Enem é um exame individual, de participação voluntária. A prova é interdisciplinar e contextualizada, constituída de uma parte objetiva e de uma redação; não é dividida por disciplinas. Busca avaliar a capacidade de resolver situações-problema, incentiva o aprender a pensar e as questões do exame não favorecem a "decoreba".

O número de participantes do Enem vem aumentando a cada ano, ao longo desses dez anos. Vários fatores têm contribuído para esse aumento, entre eles estão a utilização de seus resultados para contribuir na classificação no vestibular de muitas instituições de ensino superior; em 2001, a isenção da taxa de pagamento para estudantes de escolas públicas; e, em 2005, quando o desempenho passou a ser um dos critérios de escolha do Programa Universidade para Todos – Prouni.

Segundo pesquisas realizadas pelo Inep[5], a maioria dos estudantes diz que o desejo de cursar o ensino superior é o motivo principal para participarem do exame.

O Inep[6] também nos informa que a realização do Enem contribuiu para a efetivação da reforma do ensino médio, servindo de apoio às propostas da LDB nº 9.394/96 e concordante com as Diretrizes e Parâmetros Curriculares Nacionais fixados pelo Conselho Nacional de Educação (CNE). Assim, possibilitou-se estabelecer referência para os requisitos de desempenho desejáveis ao final da educação básica no Brasil.

Portanto, os documentos "legais" e a consolidação do Enem apresentam indícios de mudança de paradigma na prática da avaliação, a qual parece desejar sair de uma educação de reprodução de conteúdos para uma educação do aprender a pensar, a refletir e a fazer.

Neste item, não pretendemos esgotar a análise e a discussão sobre a legislação atual em relação à avaliação educacional, e sim possibilitar uma reflexão sobre esta, para que seja realizada de forma mais significativa e humana.

3.3 Concepção de avaliação

São muitas as concepções de avaliação existentes; elas são influenciadas pelo paradigma dominante na sociedade. Apresentaremos aqui alguns conceitos de diferentes autores que pesquisaram sobre o processo de avaliação na educação.

Segundo Rosado e Silva[7], "começou a falar-se na avaliação aplicada à educação com Tyler (1985), considerado como o pai da avaliação educacional". Tyler[8] percebe a avaliação como o processo de determinação da extensão com que os objetivos educacionais se realizam, isto é, a checagem constante entre o desempenho do aluno com os objetivos planejados. Rosado e Silva[9] comentam que outros autores também se referem à avaliação como um processo de verificação de objetivos.

Rosado e Silva[10] citam autores que pensaram a avaliação para além da verificação de objetivos, considerando que esta se compõe de uma descrição com um julgamento. Essa forma de pensar a descrição do processo contribuiu para definir os conceitos de avaliação formativa e somativa.

Apresentamos a seguir alguns dos conceitos de avaliação* atribuídos por pesquisadores na área:

~ Para Ávila[11], avaliar é a ação de apreciar em seu justo valor um ser, situação, atitude ou sentimento, considerando de modo objetivo os fatores ou elementos de que são constituídos.

~ Para Goldberg[12], a avaliação é a base consciente das condições necessárias à vida e ao progresso humano, tanto individual como social. "Olhar o errado, valorizar o acerto".

~ Para Raths et al.[13], a avaliação é o processo que consiste em ajudar alguém a enxergar mais claramente o que está tentando fazer.

~ Para Luckesi[14], a avaliação é considerada como um juízo de qualidade sobre dados relevantes, tendo em vista uma tomada de decisão. Busca a coleta de dados relevantes para expressão da realidade quanto ao desempenho do aluno.

~ Para Both[15], a avaliação é um processo diagnóstico – construído do desenvolvimento da aprendizagem.

---

* Conceitos de avaliação apresentados pelo Prof. Dr. José Ivo Both em palestra sobre avaliação da aprendizagem na semana pedagógica oferecida ao professores de cursos de graduação, promovida pela Facinter em julho de 2006.

Diante dos conceitos apresentados, é possível perceber que além de haver diferentes concepções para uma mesma prática há também um processo de evolução e mudança constante. Mudanças que têm possibilitado avanços qualitativos para desmistificar o processo de avaliação como medida e mera classificação.

3.4 O processo de avaliação e as concepções pedagógicas

As concepções pedagógicas se modificam com as transformações ocorridas na sociedade, pois esta é influenciada pela evolução científica e, assim, a atuação docente passou e passa por diferentes concepções. Isso gera mudança no desempenho do professor, e os profissionais que integram a escola executam suas funções baseados em suas visões de mundo, de cultura, de homem e de escola.

Nessa perspectiva, consideramos difícil a aceitação de mudança na concepção pedagógica de um professor, pois esta faz parte de toda sua história de vida. Acreditamos que a possibilidade de um novo olhar para a educação seja alcançada por meio do estudo e da reflexão das concepções existentes. Dessa forma, o profissional da educação identifica suas ações de acordo com cada concepção, para depois mudar gradativamente. Essa mudança de concepção pedagógica é lenta e exige que o professor entre em conflito com o pensamento adotado até o momento por ele, para isso deverá reconhecer que a nova concepção tem maiores contribuições para a sua prática que a anterior.

Por acreditarmos na possibilidade de mudança da concepção de educação de um professor, apresentamos a seguir as concepções de avaliação de acordo com os paradigmas educacionais propostos por Behrens[16].

A avaliação no **paradigma tradicional** tem as seguintes características:

- É seletiva;
- É classificatória;
- Bloqueia a autocrítica;
- Segue o modelo proposto;
- É uma avaliação única e bimestral;
- Gera medo nos alunos;
- Possui respostas predeterminadas, prontas;
- Valoriza a memorização e a repetição;
- Segue exatamente o que o professor informou;
- Impossibilita a formulação de novas perguntas;
- Impede que os alunos sejam criativos e reflexivos;
- É utilizada como instrumento de punição dos alunos;
- Impede ao aluno o exercício de pensar, tornando-o alienado;
- Dificulta espaço e tempo para que o aluno esclareça suas dúvidas;
- Possui como instrumentos mais utilizados os questionários, a prova objetiva e a prova oral.

A avaliação no **paradigma tecnicista** tem as seguintes características:

- É uma avaliação fragmentada;
- Realiza testes gradativos;
- Valoriza a competência técnica;
- Realiza pré-testes e pós-testes;
- Valoriza a memória e a retenção;
- Verifica a aquisição de habilidades;
- Visa alcançar os objetivos propostos;
- O aluno é moldado e condicionado a reproduzir;
- Tem a formação voltada para o mercado de trabalho;
- Possui resultados quantitativos e numéricos;
- Realiza exercícios repetitivos para a retenção do conteúdo;
- Dá ênfase ao produto final, o qual deverá ser igual ao modelo;

- Premia os alunos que apresentarem desempenho 100%;
- Dá ênfase à atribuição de notas e na classificação de desempenho;
- Sua tônica é na informação, na palavra, e não na formação, no espírito crítico;
- Apresenta alto índice de reprovação devido à valorização da excessiva memorização e retenção.

A avaliação no **paradigma escolanovista** tem as seguintes características:

- Incentiva a auto-avaliação;
- Estimula os trabalhos em grupos;
- Despreza a padronização de produtos;
- Valoriza a busca de metas pessoais;
- Oportuniza ao aluno o controle de sua aprendizagem;
- Torna o aluno um sujeito responsável por seu desempenho;
- Valoriza a participação, a socialização, a boa conduta, a responsabilidade e a pontualidade.

A avaliação no **paradigma sistêmico** tem as seguintes características:

- É processual, gradual, contínua e dinâmica;
- Usa critérios claros e bem definidos;
- Percebe o todo, desenvolvendo o senso crítico e fazendo do erro um caminho para o acerto;
- É um processo coletivo e individual, fazendo da auto-avaliação um instrumento de percepção do desenvolvimento pessoal e coletivo;
- Deve proporcionar informações ao estudante e ao mestre, para facilitar o processo de aprender;
- Valoriza a ação reflexiva, a curiosidade e o espírito crítico, atuando a serviço da construção do conhecimento;

- Contempla as inteligências múltiplas, com seus limites e suas qualidades;
- Respeita o aluno enfatizando o aprender a aprender.

A avaliação no **paradigma progressista** tem as seguintes características:

- É contínua, processual e transformadora;
- Contempla os momentos de auto-avaliação e de avaliação grupal;
- A exigência e as competências são seus pilares sustentadores;
- Responsabiliza também o aluno por seu sucesso ou seu fracasso;
- É justa e igualitária;
- É individual e coletiva;
- Perdeu o caráter punitivo;
- Visa à competência;
- É uma auto-gestão pedagógica;
- Articula os conteúdos com a realidade social e política;
- É realizada pela consciência crítica;
- Preocupa-se com a superação do estágio do senso comum.

A avaliação no **paradigma do ensino com pesquisa** tem as seguintes características:

- É inovadora;
- Tem uma visão emancipadora;
- Promove a discussão;
- Funciona como contrato;
- É contínua, processual e participativa;
- Responsabiliza o aluno durante o processo;
- É realizada por meio de projetos e pesquisas;
- Não exclui o que foi conquistado até o momento;
- Tem preocupação central com a qualidade do processo educativo;
- Deve ultrapassar a exigência do conhecimento decorado;

- Perde o sentido de sanção, de autoritarismo e de poder;
- Avalia o desempenho geral e global (produtivo e participativo todo dia);
- Valoriza a elaboração própria, a construção coletiva, a apresentação de textos;
- Deve criar espaços de elaboração, de reflexão e de crítica sobre os conteúdos trabalhados;
- É orientada por critérios discutidos e construídos com os alunos antes de começar o processo;
- Pode aplicar a prova teórica, mas será parte da avaliação como um todo, e não a única forma de avaliação;
- Avalia todo movimento do aluno, sua participação, sua elaboração, seu envolvimento e responsabilidade com a sua aprendizagem.

Por meio da análise dos paradigmas apresentados, podemos perceber que as práticas mais comuns na avaliação do ensino de Química ainda são as do paradigma tradicional e do tecnicista. Há uma resistência muito grande por parte dos educadores e da comunidade em mudar a concepção de avaliação voltada para a inclusão social e para a aprendizagem do aluno. Muitos professores resistem e têm receio de que com essa mudança haja uma desqualificação da escola como instituição que promove o saber.

Os paradigmas educacionais influenciam a prática pedagógica do professor de Química, desde sua postura em sala de aula até a avaliação da aprendizagem.

Síntese

Este capítulo, por meio da apresentação do contexto histórico da avaliação no Brasil, possibilitou a reflexão sobre a tendência praticada no processo de avaliação. Evidencia-se que entre os paradigmas da avaliação, a concepção tradicional e a tecnicista ainda são as que predominam na escola. As perspectivas escolanovista, sistêmica, progressista e ensino com pesquisa são muito debatidas sem se efetivarem na prática docente. A avaliação na legislação brasileira passou a ser designada como contínua, formativa e qualitativa a partir da LDB n° 9394/96. Assim, as concepções de avaliação avançaram na teoria e gradativamente inserese na prática docente.

Indicações culturais

Filmes

CLUBE do Imperador. Direção: Michael Hoffman. Produção: Beacon Communications. Local: EUA. Europa Filmes, 2002. 109 min.

MR. HOLLAND – adorável professor. Direção: Stephen Herek. Produção: Hollywood Pictures. Local: EUA. Buena Vista Pictures, 1995. 143 min.

Os filmes indicados retratam cenas de ambientes escolares e oferecem oportunidade de reflexão sobre a prática docente e valores humanos.

Artigos

CENTRO DE REFERÊNCIA EM EDUCAÇÃO MARIO COVAS. **Temas pedagógicos**: avaliação. Disponível em: <http://www.crmariocovas.sp.gov.br/int_l.php?t=001>. Acesso em: 02 jul. 2007.

Esse "site" apresenta diversos artigos sobre a avaliação educacional. Ressalta-se que a leitura aprofundada sobre a prática da avaliação proporciona mudanças qualitativas quanto à concepção pedagógica adotada pelo professor e elaboração de instrumentos de medida.

Livros

BEHRENS, M. A. **O paradigma emergente e a prática pedagógica.** Curitiba: Champagnat, 2000.

MIZUKAMI, M. da G. N. **Ensino:** as abordagens do processo. São Paulo: EPU, 1986.

> Os livros indicados são úteis para a compreensão da influência dos paradigmas na educação. Apresentam as características de cada abordagem nas categorias: escola, professor, aluno, metodologia e avaliação.

Atividades de Auto-Avaliação

1. Assinale (V) para as alternativas verdadeiras e (F) para as falsas quanto ao contexto histórico da avaliação:
   ( ) Na década de 1930, a prática da avaliação como medida se tornou abrangente com a utilização dos testes padronizados.
   ( ) A avaliação educacional é muito evoluída em todo o mundo; observa-se que os instrumentos utilizados são de extrema qualidade desde o início do século XX.
   ( ) A avaliação é baseada em testes que medem o quociente de inteligência do indivíduo. Esses testes foram aprimorados ao longo do tempo e são capazes de fornecer informações 100% seguras. São avaliações muito utilizadas nas escolas públicas.
   ( ) Na LDB n° 5.692/71, a avaliação se manteve caracterizada por uma prática de medida e classificação, a qual afastava da escola aqueles alunos que não se ajustassem ao seu sistema.
   ( ) A avaliação na LDB n° 9.394/96 visa à qualidade e à aprendizagem, realiza a classificação e a seleção por meio de testes padronizados e aprovados pelo CNE.

2. Assinale (V) para as alternativas verdadeiras e (F) para as falsas quanto às características dos paradigmas da avaliação:
( ) A avaliação no paradigma tecnicista é qualitativa, processual e contínua.
( ) A avaliação no paradigma tradicional valoriza a memorização, a repetição, é única e bimestral.
( ) A avaliação no paradigma do ensino com pesquisa é orientada por critérios discutidos e construídos com os alunos antes de se começar o processo. Todo movimento do aluno é avaliado, sua participação, sua elaboração, seu envolvimento e sua responsabilidade para com a sua aprendizagem.
( ) A avaliação no paradigma escolanovista despreza a padronização de produtos e valoriza a busca de metas pessoais.
( ) A avaliação progressista pretende moldar o diálogo dos alunos por meio de debates, assim poderá classificar o desempenho oral de cada estudante.

3. Assinale (V) para as alternativas verdadeiras e (F) para as falsas quanto à avaliação na LDB n°4.024/61:
( ) A avaliação é processual, contínua e cumulativa.
( ) A avaliação é baseada no compromisso com a qualidade e com a aprendizagem do aluno.
( ) A avaliação é realizada na perspectiva classificatória.
( ) A avaliação é calcada nos objetivos e não em notas.
( ) Valoriza as estruturas mentais dos estudantes e seu o desenvolvimento integral.

4. Entre as concepções de avaliação citadas no capítulo 3, qual autor enfatiza a avaliação como diagnóstica? "A avaliação é um processo diagnóstico – construído no desenvolvimento da aprendizagem".

Assinale a alternativa correta.
a) Luckesi.
b) Ávila.
c) Both.
d) Raths.

5. Com relação ao processo de classificação e de reclassificação da aprendizagem previsto na LDB n° 9.394/96, assinale a alternativa correta:
a) A classificação da aprendizagem não ocorre de forma que o aluno demonstre a memorização e a repetição dos conteúdos ensinados. A reclassificação da aprendizagem ocorre da mesma forma que a classificação.
b) A classificação da aprendizagem é o processo que ocorre mediante o posicionamento do aluno em série compatível com a sua idade, o seu conhecimento e o seu desempenho escolar. A reclassificação da aprendizagem é o processo que ocorre mediante o reposicionamento do aluno em série diferente da que o seu histórico escolar informa.
c) A classificação e a reclassificação da aprendizagem são desnecessárias, pois não há mais reprovações.
d) A reclassificação da aprendizagem é o processo que ocorre mediante o posicionamento do aluno em série compatível com a sua idade, o seu conhecimento e o seu desempenho escolar. A classificação da aprendizagem é o processo que ocorre mediante o reposicionamento do aluno em série à frente da que o seu histórico escolar informa.

6. Quanto ao Exame Nacional do Ensino Médio (Enem), assinale a alternativa correta:
a) O Enem se tornou mais uma classificação da aprendizagem, de

forma que o aluno demonstre a memorização e a repetição dos conteúdos ensinados.
b) O Enem busca seguir as tendências do paradigma dominante. É uma avaliação que pretende examinar a capacidade de memorização do sujeito.
c) O Enem, instituído em 1968, foi concebido pelo Instituto Nacional de Pesquisas e Estudos Educacionais (Inep), depois da LDB n° 4.024/61, que enfatiza a busca da qualidade no planejamento dos docentes.
d) O Exame Nacional do Ensino Médio (Enem), instituído em 1998, foi concebido pelo Instituto Nacional de Estudos e Pesquisas Educacionais (Inep), depois da LDB de 9.394/96, que enfatiza a articulação entre o conceito de cidadania e o de educação básica.

7. Sobre a concepção de avaliação do Exame Nacional do Ensino Médio (Enem), assinale a alternativa incorreta:
a) Busca avaliar a capacidade de resolver situações-problema e incentiva o aprender a pensar.
b) As questões do Enem possibilitam a compreensão porque favorecem a "decoreba".
c) É um exame individual, de participação voluntária.
d) A prova é interdisciplinar e contextualizada, constituída de uma parte objetiva e de uma redação; não é dividida por disciplinas.

Atividades de Aprendizagem

Questões para Reflexão

1. Para ampliar a visão sobre os conceitos de avaliação sugerimos a leitura e a elaboração de um resumo da obra:

VASCONCELLOS, C. dos S. **Avaliação**: superação da lógica classificatória e excludente – do "é proibido reprovar" ao é preciso garantir a aprendizagem. 4. ed. São Paulo: Libertad, 1998.

2. Para uma compreensão mais aprofundada das tendências pedagógicas, sugerimos a leitura e a elaboração de um resumo das obras:

LIBÂNEO, J. C. **Democratização da escola pública**: a pedagogia crítico-social dos conteúdos. 20. ed. São Paulo: Loyola, 2005. (Coleção Educar).

MIZUKAMI, M. da G. N. **Ensino**: as abordagens do processo. São Paulo: EPU, 1986.

Atividade Aplicada: Prática

1. Preencha o quadro a seguir informando três características para a avaliação em cada paradigma e simbolizea por meio de desenho:

Paradigmas conservadores	Tradicional				Escolanovista		Tecnicista
	Características				Características		Características
	Símbolo				Símbolo		Símbolo
Avaliação							

Paradigmas inovadores	Sistêmico		Progressista		Ensino com pesquisa	
	Características		Características		Características	
	Símbolo		Símbolo		Símbolo	
Avaliação						

Capítulo 4

Este capítulo pretende possibilitar uma reflexão acerca do processo de desenvolvimento e aprendizagem. Consideramos necessária essa reflexão no estudo da avaliação da aprendizagem em Química.

Perspectivas práticas da avaliação da aprendizagem e suas implicações em química

Luciana Rosenau

Questionamos:

Como um professor poderá avaliar a aprendizagem se não compreender nenhuma das teorias que tentam explicar o processo de desenvolvimento e aprendizagem do ser humano?

Quais os subsídios teóricos que o professor utiliza para realizar a avaliação?

Quais as conseqüências de uma avaliação que não está calcada em uma teoria que a sustente?

Sob essa perspectiva, este capítulo apresentará conceitos sobre o desenvolvimento e a aprendizagem do ser humano. Além dessa reflexão, o capítulo apresentará alguns pontos sobre modalidades, critérios e tipos de avaliação mais utilizados nas escolas e exemplos de avaliações em Química.

4.1 O que avaliar? Concepção de desenvolvimento e de aprendizagem

Não é por acaso que este item inicia com a pergunta: "O que avaliar?", pois, de acordo com o que se deseja avaliar, será a prática docente e o tipo de instrumento a ser utilizado. A escola tradicional, por exemplo, demonstra que desejava avaliar a capacidade de memorização e de atenção dos alunos.

Hoje sabemos que a memorização não é uma habilidade suficiente para que ocorra o desenvolvimento e a aprendizagem do aluno, principalmente quando se fala em desenvolvimento integral do ser humano.

Assim, lançamos a pergunta: "Como aprendemos?".

Para responder a essa pergunta é necessário adotar uma linha teórica que a sustente. Optamos aqui por utilizar as concepções interacionistas da aprendizagem.

A aprendizagem por interação é baseada na relação do sujeito com o meio físico e social.

De acordo com Piletti[1], além da interação com o meio físico e social, para que ocorra o aprendizado, é preciso que o sujeito que aprende esteja maduro, pronto para "incorporar" o real significado daquilo que aprende. Há muitas possibilidades e muitos caminhos para o conhecimento, todavia em geral seguem uma trajetória semelhante: partem do concreto para o abstrato.

Essa informação é muito importante para um professor que atua com crianças, pois ele deverá saber que as atividades devem ser planejadas de forma que se parta do concreto para o abstrato. E com relação à avaliação da aprendizagem isso também deverá ser levado em conta.

A psicologia do desenvolvimento é a área do conhecimento que estuda o desenvolvimento do ser humano em todos os seus aspectos, desde o nascimento até a idade adulta.

É importante estudar o desenvolvimento humano para conhecer as características comuns de uma faixa etária. Para um professor, torna-se necessário identificar e compreender as características da faixa etária dos alunos com quem irá trabalhar, pois assim será capaz de compreender e reconhecer as individualidades específicas daquela idade. Também é adequado ao professor compreender que os seres humanos são influenciados pela interação de vários fatores, como a hereditariedade, o crescimento orgânico, a maturação neurofisiológica e o meio.

Portanto, podemos dizer que, de acordo com a perspectiva piagetiana, desenvolvimento é o processo por meio do qual o indivíduo constrói ativamente, nas relações que estabelece com o ambiente físico e social, suas características. Para Du Platt e Stagliorio[2], **aprendizagem*** é o processo por meio do qual o ser humano se apropria ativamente do conteúdo da experiência humana, daquilo que seu grupo social conhece. Para que isso ocorra, há a necessidade da interação com os outros seres humanos. Segundo Piletti[3], "aprendizagem é mudança de comportamento resultante da experiência".

---

* As teorias da aprendizagem adotadas no ensino tradicional eram explicadas na teoria da psicologia comportamentalista; já as tendências atuais se identificam com as idéias do construtivismo. O método de ensino que se inspira no construtivismo tem como base que aprender (bem como ensinar) significa construir novo conhecimento, descobrir nova forma para significar algo, com base em experiências e conhecimentos existentes.

O desenvolvimento integral do ser humano tem sido abordado a partir de quatro aspectos:

~ **Físico-motor** – Dimensão físico-motora (capacidade de se mover e de coordenar esses movimentos).
~ **Intelectual-cognitivo** – Dimensão cognitiva (capacidade de raciocinar, de pensar).
~ **Afetivo-emocional** – Dimensão emocional (capacidade de sentir).
~ **Social** – Dimensão social (capacidade de se relacionar com os outros).

Para oportunizar o desenvolvimento integral do aluno na escola, será necessário realizar atividades que contemplem as quatro áreas mencionadas. A prática da avaliação também contribuirá para o professor saber o que pretende avaliar do aluno e para avaliar se sua prática pedagógica está propiciando o desenvolvimento integral.

Outro benefício para o professor que conhece as teorias do desenvolvimento é para a elaboração de pareceres, de apreciações críticas e de relatórios parciais sobre o desempenho dos alunos, prática muito usada na educação infantil. Se o professor, durante a elaboração de seu texto, seguir como roteiro os quatro aspectos do desenvolvimento integral: físico-motor; intelectual-cognitivo; afetivo-emocional e social, provavelmente irá fornecer aos pais e à equipe pedagógica informações mais próximas da realidade do que aqueles relatórios baseados apenas no desenvolvimento cognitivo do aluno.

Conhecer as características gerais do ser humano conforme o meio em que está inserido possibilita ao professor analisar a maturidade do aluno. Segundo Piletti[4], "maturidade, em termos psicológicos, é o nível de desenvolvimento em que a pessoa se encontra, em comparação com as outras pessoas da mesma idade".

Entre os fatores que influem no desenvolvimento, podemos citar os fatores internos e externos. Para Piletti[5], os **fatores internos** são os relacionados à hereditariedade e à maturação do sujeito; já os **fatores externos** são os relacionados ao ambiente social, por exemplo uma alimentação adequada, um ambiente não poluído e o convívio com as pessoas. Assim, considera-se que o professor precisará ficar atento durante o processo de avaliação quanto aos fatores internos e externos que influem no desenvolvimento dos seus alunos e intervir quando necessário.

As teorias cognitivas vêm revolucionando intensamente a escola. Por isso, de acordo com Zabalza[6], "compreender os princípios básicos das teorias da aprendizagem é fundamental para que o professor possa perceber como ocorrem os processos de aprendizagem".

Antes de apresentar as teorias cognitivas, consideramos necessário abordar o conceito de cognição. É importante abordar o significado do termo *cognição*, pois é muito utilizado em textos educacionais, mas nem sempre é compreendido pelos educadores que os lêem. Apresentamos a seguir alguns dos significados atribuídos à cognição:

Para Rocha[7], "é o ato ou processo de conhecer, que envolve atenção, percepção, memória, raciocínio, juízo, imaginação, pensamento e linguagem. A cognição é derivada da palavra latina *cognitione*, que significa a aquisição de um conhecimento através da percepção. Aquisição de conhecimentos."

Flavell[8] diz que esses conceitos possuem sentidos amplos, estando abertos a discussões. Então,

> *segundo a imagem tradicional da cognição são os processos e produtos chamados inteligentes da mente humana, incluindo os processos mentais superiores, como: o conhecimento, a consciência, a inteligência, o pensamento, a imaginação, a criatividade, a geração de planos e estratégias, o raciocínio, as inferências, a solução de problemas ,a conceitualização, a classificação e a formação de relações, a simbolização e talvez as fantasias e os sonhos.*

Complementando esse conceito, Flavell[9] enfatiza que os psicólogos contemporâneos consideram necessário incluir igualmente como cognição a percepção, o comportamento motor, as imagens mentais, a memória, a atenção e o aprendizado. Portanto, ele aponta para a necessidade de uma concepção ampla da cognição, indicando vários aspectos para o funcionamento cognitivo e enfatizando a idéia de interações mútuas entre os processos cognitivos. Flavell[10] afirma "ressaltando que o que sabemos afeta e é afetado como percebemos, o modo como conceitualizamos ou classificamos as coisas influencia nossa maneira de raciocinar sobre elas e vice-versa, e assim sucessivamente".

Assim, o processo de aprendizagem representa algo a ser estudado e aprofundado pelos profissionais da educação, para haver uma prática pedagógica que compreenda a aprendizagem atendendo às necessidades dos alunos.

Para o processo de avaliação, a compreensão do que é cognição é necessária em muitos sentidos. Por exemplo, para a elaboração de um instrumento de avaliação, o professor, em uma prova objetiva, está avaliando as operações mentais: atenção, memorização, leitura e escrita. Em outro instrumento, poderá elaborar uma prova dissertativa, que enfatize as operações mentais: compreensão, comunicação, leitura e escrita. Em uma avaliação de matemática, as operações mentais em destaque serão: o raciocínio lógico, percepção etc.

Dessa forma, o professor analisa a capacidade do aluno de processar informações e transformá-las em conhecimento e também qual seu desempenho como docente para que isso ocorra. Esperamos que esse texto tenha contribuído para sua reflexão e elaboração da resposta para a pergunta: "O que avaliar?".

4.2 Avaliação como medida e avaliação diagnóstica

Entre os enfoques da avaliação é relevante discutir esse processo como medida e como avaliação diagnóstica.

Perguntamos: "O que tem praticado a escola, a verificação ou a avaliação?".

Sobre esse dilema, Luckesi escreveu um artigo que nos esclarece a prática da avaliação na escola com argumentos convincentes. Para isso, ele usou o que chama de *fenomenologia da aferição dos resultados da aprendizagem escolar*.

Nessa prática, os professores se preocupam com três procedimentos, que são:

1. Medida do aproveitamento escolar;
2. Transformação da medida em nota ou conceito;
3. Utilização dos resultados identificados.

No procedimento que se refere à medida do aproveitamento escolar, o professor tem a função de medir a aprendizagem dos alunos, o que geralmente é feito por meio de instrumentos*, por exemplo, provas objetivas e dissertativas. Para isso, o professor deverá adotar um padrão de medida.

Luckesi diz que[11] "no caso dos resultados da aprendizagem, os professores utilizam como padrão de medida o "acerto:' de questão. E a medida dá-se com a contagem dos acertos do educando sobre um conteúdo, dentro de um certo limite de possibilidades, equivalente à quantidade de questões que possui o teste, prova ou trabalho dissertativo".

Assim o professor, obterá um valor para cumprir o primeiro procedimento da fenomenologia da aferição dos resultados da aprendizagem escolar, que é a medida do aproveitamento escolar.

---

* A intenção desse texto não é discutir a qualidade e a validade do instrumento elaborado pelo professor para obter o valor de sua medida.

No segundo momento, há a necessidade de transformação da medida em nota ou conceito. Luckesi[12] afirma que "a transformação dos resultados medidos em nota ou conceito dá-se através do estabelecimento de uma equivalência simples entre os acertos ou pontos obtidos pelo educando e uma escala, previamente definida, de notas ou conceitos".

A transformação em notas ou conceitos dependerá do padrão e critérios adotados pela escola. Ela poderá utilizar notas de 0 a 10, letras A, B, C, D, F etc., ou letras compostas, que indicam o nível de aprendizado do aluno: AT – atingiu totalmente; AS – atingiu satisfatoriamente; AP – atingiu parcialmente; NA – não atingiu.

Após a transformação em notas ou conceitos, ocorre o terceiro momento da aferição dos resultados da aprendizagem escolar, sobre o qual Luckesi[13] diz que existem diversas possibilidades de utilizar, tais como:

~ registrá-lo, simplesmente, no diário de classe ou na caderneta de alunos;
~ oferecer ao educando, caso ele tenha obtido uma nota ou conceito inferior, uma "oportunidade" de melhorar a nota ou o conceito, permitindo que ele faça uma nova aferição;
~ atentar para as dificuldades e para os desvios da aprendizagem dos educandos e decidir trabalhar com eles para que, de fato, aprendam aquilo que deveriam aprender, alcancem efetivamente os resultados necessários da aprendizagem.

É o terceiro momento que vai determinar se a escola pratica a verificação ou a avaliação da aprendizagem escolar. A verificação, como o próprio termo já diz, verifica; portanto é um momento de descrição do que está sendo examinado. Terminada a descrição, acaba também o processo de verificação com o registro do resultado obtido. A avaliação envolve mais que a utilização de um instrumento de medida e de registro do resultado, o processo de avaliação continua onde a verificação termina. Na avaliação busca-se descobrir as causas e intervir em situações de não-aprendizagem do aluno, possibilitando-lhe novas situações de aprendizagem do conteúdo proposto.

Ao ler sobre os significados de verificar e avaliar na escola, podemos concluir que muitas escolas praticam apenas a verificação da aprendizagem escolar, pois, segundo Luckesi[14], "a avaliação, diferentemente da verificação, envolve um ato que ultrapassa a obtenção de configuração do objeto, exigindo decisão do que fazer **ante** ou **com ele**. A verificação é uma ação que 'congela' o objeto; a avaliação, por sua vez, direciona o objeto numa trilha dinâmica de ação".

Diante disso, é importante pararmos para refletir sobre o quanto a nossa educação tem tido uma prática excludente, que apenas verifica, não oportuniza a retomada do que o aluno necessita recuperar. Desde a educação infantil atá educação superior e no ensino de Química há uma tendência forte por essa prática, por ela ser categorizada como área exata. Nesse momento, observamos que existe a prática da avaliação em poucas instituições, nem sempre na escola; um exemplo é a psicopedagogia, a qual inicia seu trabalho de intervenção a partir da avaliação, não fica "congelada" na hipótese diagnóstica; é constituída de profissionais que têm o cuidado de chamar de *hipótese diagnóstica*, mas não como um rótulo nem um fim em si mesmo.

4.3 Enfoques e modalidades de avaliação

Segundo Haydt[15], basicamente, a avaliação apresenta três funções:
~ Diagnosticar;
~ Controlar;
~ Classificar.

Relativas a essas três funções, Haydt[16] apresenta três modalidades de avaliação quanto à formação: diagnóstica, formativa e somativa.

A **avaliação diagnóstica** é realizada no primeiro momento do processo ensino-aprendizagem, geralmente no início do ano letivo, e tem a intenção de conhecer as habilidades e os conhecimentos prévios dos alunos, além de verificar se falta algum pré-requisito fundamental para que a aprendizagem se efetive.

A **avaliação formativa** é contínua e processual, sendo realizada durante o período letivo, e tem a intenção de verificar se os alunos estão atingindo os objetivos estabelecidos. Caso não sejam alcançadas as metas propostas, ela funciona como *feedback*, informando o aluno e o orientando para que o processo de aprendizagem ocorra. É uma avaliação que contribui para aperfeiçoar o processo de ensino-aprendizagem, além de motivar e possibilitar ao aluno a chance de recuperação e de conquista dos objetivos propostos para sua aprendizagem.

A **avaliação somativa** ocorre no final do período letivo e tem a intenção de classificar o aluno de acordo com os objetivos estabelecidos. Sua função é a promoção ou a retenção do aluno para a série seguinte. É também muito utilizada na obtenção de certificados e de títulos.

De acordo com Santos[17], há outras classificações relativas aos principais tipos de avaliação que fazem parte do processo de ensino-aprendizagem, entre elas, temos avaliações: **quanto à regularidade** – pode ser contínua (de forma regular) ou pontual (final, única); **quanto ao avaliador** – pode ser interna (aplicada pelo próprio professor) ou externa (aplicada por alguém de fora do processo de ensino); **quanto à explicidade** – pode ser explícita (os alunos sabem que estão sendo avaliados) ou implícita (os alunos não sabem que foram submetidos a uma avaliação); e **quanto à comparação** – pode ser normativa (aquela que compara o desempenho de um sujeito com os demais alunos) ou criterial (analisa o desempenho do sujeito de acordo com o atingimento dos objetivos estabelecidos para cada conteúdo).

Diante das categorias apresentadas, é pertinente lembrar que a avaliação é organizada nas escolas de acordo com as disposições legais, as quais são planejadas e previstas em seu projeto político-pedagógico. Conforme vimos no capítulo 3, a escola tem autonomia para tomar decisões quanto ao processo de avaliação, contanto que ele esteja de acordo com a LDB n° 9.394/96.

A avaliação envolve muito planejamento por parte do professor; pensando nisso, veremos no próximo item o que são critérios, instrumentos e tipos de avaliação.

4.4 Critérios, instrumentos e tipos de avaliação

O primeiro momento no planejamento e na elaboração de um instrumento de avaliação em Química é definir os objetivos, estabelecer os conteúdos de aprendizagem e os comportamentos a serem avaliados. A partir da definição dos objetivos é possível ter critérios na escolha do instrumento a ser utilizado e na sua correção.

O professor que entra na sala de aula consciente dos objetivos que pretende atingir, que sabe exatamente o que ensinar e o que esperar disso, provavelmente, será um educador sem muitas dificuldades na hora de elaborar seus instrumentos de avaliação.

Ter critérios no processo de avaliação em Química é essencial para gerar fundamentos para um juízo. A palavra *critério* é sinônima de *discernimento*, utilizada na avaliação como a adoção de regras para julgar a verdade, um princípio que se toma como referência para dar valor a alguma coisa.

Para Sant'Anna[18],

> Consideramos critério como o conjunto de aspectos que servem de norma para avaliações. Os critérios poderão ser expressos por quantidade (percentagem, número mínimo), qualidade (clareza, objetividade, precisão, assiduidade, etc.), tempo (responder corretamente em cinco minutos).

Nesse sentido, recomendamos que os critérios de avaliação sejam sempre estabelecidos previamente, de preferência de forma coletiva, em que todos os professores de determinada série ou disciplina se reúnam para estabelecer critérios justos e adequados ao contexto em que estão inseridos.

Dentre os diversos instrumentos e estratégias de avaliação, existem os que são mais utilizados pelas escolas. Assim vamos ler, conhecer, compreender, avaliar e tirar os pontos positivos e negativos dos nove jeitos mais comuns de avaliar, apresentados nos quadros, a seguir, montados pela pedagoga Ilza Martins Sant'Anna e pela consultora pedagógica da Fundação Victor Civita, Heloisa Cerri Ramos.

Quadro 1 – Prova objetiva

Definição	Série de perguntas diretas, para respostas curtas, com apenas uma solução possível.
Função	Avaliar quanto o aluno apreendeu sobre dados singulares e específicos do conteúdo.
Vantagens	É familiar às crianças, simples de preparar e de responder e pode abranger grande parte do exposto em sala de aula.
Atenção	Pode ser respondida ao acaso ou de memória, e sua análise não permite constatar quanto o aluno adquiriu de conhecimento.
Planejamento	Selecione os conteúdos para elaborar as questões e faça as chaves de correção; elabore as instruções sobre a maneira adequada de responder às perguntas.
Análise	Defina o valor de cada questão e multiplique-o pelo número de respostas corretas.
Como utilizar as informações	Liste os conteúdos que os alunos precisam memorizar; ensine estratégias que facilitem associações, como listas agrupadas por idéias, relações com elementos gráficos e ligações com conteúdos já assimilados.

Fonte: GENTILE; ANDRADE, 2001.

Quadro 2 – Prova dissertativa

Definição	Série de perguntas que exigem capacidade de estabelecer relações, resumir, analisar e julgar.
Função	Verificar a capacidade de analisar o problema central, abstrair fatos, formular idéias e redigi-las.
Vantagens	O aluno tem liberdade para expor os pensamentos, mostrando habilidades de organização, interpretação e expressão.
Atenção	Não mede o domínio do conhecimento, cobre amostra pequena do conteúdo e não permite amostragem.
Planejamento	Elabore poucas questões e dê tempo suficiente para que os alunos possam pensar e sistematizar seus pensamentos.
Análise	Defina o valor de cada pergunta e atribua pesos a clareza das idéias, para a capacidade de argumentação e conclusão e a apresentação da prova.
Como utilizar as informações	Se o desempenho não for satisfatório, crie experiências e motivações que permitam ao aluno chegar à formação dos conceitos mais importantes.

Fonte: GENTILE; ANDRADE, 2001.

Quadro 3 – Seminário

Definição	Exposição oral para um público leigo, utilizando a fala e materiais de apoio adequados ao assunto.
Função	Possibilitar a transmissão verbal das informações pesquisadas de forma eficaz.
Vantagens	Contribui para a aprendizagem do ouvinte e do expositor, exige pesquisa, planejamento e organização das informações; desenvolve a oralidade em público.
Atenção	Conheça as características pessoais de cada aluno para evitar comparações na apresentação de um tímido ou outro desinibido.
Planejamento	Ajude na delimitação do tema, forneça bibliografia e fontes de pesquisa, esclareça os procedimentos apropriados de apresentação; defina a duração e a data da apresentação; solicite relatório individual de todos os alunos.

(continua)

(Quadro 3 – conclusão)

Análise	Atribua pesos à abertura, ao desenvolvimento do tema, aos materiais utilizados e à conclusão. Estimule a classe a fazer perguntas e a emitir opiniões.
Como utilizar as informações	Caso a apresentação não tenha sido satisfatória, planeje atividades específicas que possam auxiliar no desenvolvimento dos objetivos não atingidos.

Fonte: GENTILE; ANDRADE, 2001.

Quadro 4 – Trabalho em grupo

Definição	Atividades de natureza diversa (escrita, oral, gráfica, corporal etc.) realizadas coletivamente.
Função	Desenvolver o espírito colaborativo e a socialização.
Vantagens	Possibilita o trabalho organizado em classes numerosas e a abrangência de diversos conteúdos em caso de escassez de tempo.
Atenção	Conheça as características pessoais de cada aluno para evitar comparações na apresentação de um tímido ou outro desinibido.
Planejamento	Proponha uma série de atividades relacionadas ao conteúdo a ser trabalhado, forneça fontes de pesquisa, ensine os procedimentos necessários e indique os materiais básicos para a consecução dos objetivos.
Análise	Observe se houve participação de todos e colaboração entre os colegas, atribua valores às diversas etapas do processo e ao produto final.
Como utilizar as informações	Em caso de haver problemas de socialização, organize jogos e atividades em que a colaboração seja o elemento principal.

Fonte: GENTILE; ANDRADE, 2001.

Quadro 5 – Debate

Definição	Discussão em que os alunos expõem seus pontos de vista a respeito de assunto polêmico.
Função	Aprender a defender uma opinião fundamentando-a em argumentos convincentes.
Vantagens	Desenvolve a habilidade de argumentação e a oralidade; faz com que o aluno aprenda a escutar com um propósito.
Atenção	Como mediador, dê chance de participação a todos e não tente apontar vencedores, pois em um debate deve-se priorizar o fluxo de informações entre as pessoas.
Planejamento	Defina o tema, oriente a pesquisa prévia, combine com os alunos o tempo, as regras e os procedimentos; mostre exemplos de bons debates. No final, peça relatórios que contenham os pontos discutidos. Se possível, filme a discussão para análise posterior.
Análise	Estabeleça pesos para a pertinência da intervenção, a adequação do uso da palavra e a obediência às regras combinadas.
Como utilizar as informações	Crie outros debates em grupos menores; analise o filme e aponte as deficiências e os momentos positivos.

Fonte: GENTILE; ANDRADE, 2001.

Quadro 6 – Relatório individual

Definição	Texto produzido pelo aluno depois de atividades práticas ou projetos temáticos.
Função	Averiguar se o aluno adquiriu conhecimento e se conhece estruturas de texto.
Vantagens	É possível avaliar o real nível de apreensão de conteúdos depois de atividades coletivas ou individuais.
Atenção	Evite julgar a opinião do aluno.
Planejamento	Defina o tema e oriente a turma sobre a estrutura apropriada (introdução, desenvolvimento, conclusão e outros itens que julgar necessários, dependendo da extensão do trabalho); o melhor modo de apresentação e o tamanho aproximado.

(continua)

(Quadro 6 – conclusão)

Análise	Estabeleça pesos para cada item que for avaliado (estrutura do texto, gramática, apresentação).
Como utilizar as informações	Só se aprende a escrever escrevendo. Caso algum aluno apresente dificuldade em itens essenciais, crie atividades específicas, indique bons livros e solicite mais trabalhos escritos.

Fonte: GENTILE; ANDRADE, 2001.

Quadro 7 – Auto-avaliação

Definição	Análise oral ou por escrito, em formato livre, que o aluno faz do próprio processo de aprendizagem.
Função	Fazer o aluno adquirir capacidade de analisar suas aptidões e atitudes, pontos fortes e fracos.
Vantagens	O aluno torna-se sujeito do processo de aprendizagem, adquire responsabilidade sobre ele, aprende a enfrentar limitações e a aperfeiçoar potencialidades.
Atenção	O aluno só se abrirá se sentir que há um clima de confiança entre o professor e ele e que esse instrumento será usado para ajudá-lo a aprender.
Planejamento	Forneça ao aluno um roteiro de auto-avaliação, definindo as áreas sobre as quais você gostaria que ele discorresse; liste habilidades e comportamentos e peça para ele indicar aquelas em que se considera apto e aquelas em que precisa de reforço.
Análise	Use esse documento ou depoimento como uma das principais fontes para o planejamento dos próximos conteúdos.
Como utilizar as informações	Ao tomar conhecimento das necessidades do aluno, sugira atividades individuais ou em grupo para ajudá-lo a superar as dificuldades.

Fonte: GENTILE; ANDRADE, 2001.

Quadro 8 – Observação

Definição	Análise do desempenho do aluno em fatos do cotidiano escolar ou em situações planejadas.
Função	Seguir o desenvolvimento do aluno e ter informações sobre as áreas afetiva, cognitiva e psicomotora.
Vantagens	Perceber como o aluno constrói o conhecimento, seguindo de perto todos os passos desse processo.
Atenção	Faça anotações no momento em que ocorre o fato; evite generalizações e julgamentos subjetivos; considere somente os dados fundamentais no processo de aprendizagem.
Planejamento	Elabore uma ficha organizada (, escalas de classificação) prevendo atitudes, habilidades e competências que serão observadas. Isso vai auxiliar na percepção global da turma e na interpretação dos dados.
Análise	Compare as anotações do início do ano com os dados mais recentes para perceber o que o aluno já realiza com autonomia e o que ainda precisa de acompanhamento.
Como utilizar as informações	Esse instrumento serve como uma lupa sobre o processo de desenvolvimento do aluno e permite a elaboração de intervenções específicas para cada caso.

Fonte: GENTILE; ANDRADE, 2001.

Quadro 9 – Conselho de classe

Definição	Reunião liderada pela equipe pedagógica de uma determinada turma.
Função	Compartilhar informações sobre a classe e sobre cada aluno para embasar a tomada de decisões.
Vantagens	Favorece a integração entre professores, a análise do currículo e a eficácia dos métodos utilizados; facilita a compreensão dos fatos com a exposição de diversos pontos de vista.

(continua)

(Quadro 9 – conclusão)

Atenção	Faça sempre observações concretas e não rotule o aluno; cuidado para que a reunião não se torne apenas uma confirmação de aprovação ou de reprovação.
Planejamento	Conhecendo a pauta de discussão, liste os itens que pretende comentar. Todos os participantes devem ter direito à palavra para enriquecer o diagnóstico dos problemas, suas causas e soluções.
Análise	O resultado final deve levar a um consenso da equipe em relação às intervenções necessárias no processo de ensino-aprendizagem considerando as áreas afetiva, cognitiva e psicomotora dos alunos.
Como utilizar as informações	O professor deve usar essas reuniões como ferramenta de autoanálise. A equipe deve prever mudanças tanto na prática diária de cada docente como também no currículo e na dinâmica escolar, sempre que necessário.

Fonte: GENTILE; ANDRADE, 2001.

É relevante mencionar o *portfolio* como uma prática mais recente que contribui para o processo de avaliação. O *portfolio* compreende a compilação de todos os trabalhos realizados pelos alunos durante uma disciplina, módulos ou projetos. As vantagens destacadas entre os seus praticantes são que encorajam o processo de ensino e aprendizagem, melhoram a comunicação e favorecem o planejamento e o estabelecimento de critérios. Exige planejamento e cuidado na seleção de atividades que irão compô-lo.

Seu conteúdo inclui registros de visitas, resumos de textos, resenhas de livros, filmes, projetos de pesquisa, relatórios de observação, experiências, entrevistas etc. O próprio aluno poderá fazer a seleção dos trabalhos que considera os melhores ou o por sugestão do professor.

O *portfolio* é um instrumento viável e dinâmico para integrar o processo de avaliação em Química. O ensino de Química envolve experiências em laboratórios que são atraentes para serem descritas em relatórios que irão compor o *portfolio*. Atualmente, o *portfolio* apresenta organização e práticas diferenciadas, conforme o professor ou a instituição que o adota como integrante do processo de avaliação.

Desejamos que a leitura sobre os instrumentos de avaliação mais utilizados possa ter lhe inspirado para que, no próximo ano letivo, você os coloque em prática com clareza dos objetivos e critérios estabelecidos em Química e nos possibilite uma educação de mais qualidade e inclusão social.

4.4.1 Práticas de avaliação em Química

Entre as queixas sobre avaliação de muitos professores de Química, ressalta-se a dificuldade em contextualizar o conhecimento de Química ao cotidiano, gerando provas que apenas "medem" a capacidade de memorização de seus alunos. Percebe-se a dificuldade em criar questões que estimulem e oportunizem o pensar, questões que sejam verdadeiras situações-problema. Infere-se que as causas mais significativas são: concepção pedagógica conservadora e falta de conhecimento do conteúdo de Química para relacioná-lo com os conhecimentos gerais. Assim, apresentamos no exemplo a seguir algumas orientações para a elaboração de instrumentos escritos na avaliação de Química com a intenção de minimizar equívocos de enunciado.

Prova mista – objetiva e dissertativa (para todas as escolaridades)

A – Objetiva
De acordo com Haydt (1991), os tipos de itens para provas objetivas podem ser classificados em:
~ Resposta curta – Exige resposta breve e bem definida.
~ Lacuna – Apresenta frases com palavras omitidas que devem ser preenchidas de acordo com o conteúdo trabalhado.
~ Certo-errado / Verdadeiro-falso / Sim-não / Correto-incorreto – Consiste em uma frase afirmativa que deverá ser classificada como certa ou errada.

- Acasalamento / Combinação / Correlação / Associe – Consiste de duas colunas, sendo que cada informação da primeira coluna (palavra, frase ou número) deverá ser relacionada com as informações da segunda coluna.
- Múltipla escolha – É constituída a partir de uma parte introdutória, que poderá ser uma afirmação, situação-problema ou pergunta direta que deverá ser respondida a partir da escolha da resposta correta entre várias alternativas que se apresentam como possíveis soluções.

B – Dissertativa
De acordo com Haydt (1991), os tipos de itens para provas dissertativas podem ser categorizados em:
- Respostas curtas – Apresenta perguntas curtas com respostas que exigem apenas a recordação de informações. Exemplo de expressões utilizadas em suas perguntas.
- Respostas elaboradas curtas – Exigem uma resposta curta mais elaborada. Exemplo de expressões utilizadas em suas perguntas.
- Respostas complexas de extensão variável – Exigem a elaboração de uma dissertação. Exemplo de expressões utilizadas em suas perguntas.

A prova objetiva e dissertativa pode e deve continuar a ser utilizada como um dos recursos de avaliação no ensino de Química, contanto que esse tipo de instrumento não seja o único a ser usado e que possibilite a avaliação, não apenas a verificação. Ressaltamos que nos casos de alunos com dificuldades para a resolução desses tipos de instrumentos deverá haver oportunidades de novas situações de ensino que possibilitem a aprendizagem com significado.

Nessa perspectiva, a intenção não é determinar qual é o melhor ou o pior instrumento ou estratégia de avaliação, e sim utilizar todos eles para uma prática diversificada, explorando os pontos fortes e minimizando ao máximo possível os pontos fracos.

Síntese

Este capítulo teve a intenção de propiciar ao professor de Química conhecimentos sobre o conceito de desenvolvimento e de aprendizagem humana, bem como sobre as dimensões de desenvolvimento do ser humano em sua integralidade, considerando os aspectos físico-motor, intelectual-cognitivo, afetivo-emocional e social, para que assim ele seja capaz de considerar as características específicas da faixa etária que irá avaliar. Outro aspecto abordado foi a avaliação como medida e a avaliação diagnóstica, para que o professor faça uma avaliação sobra o que é praticado na escola. Sobre esse assunto, foi ressaltado que a escola é quem ainda realiza a medida. Também foram apresentados os enfoques e as modalidades de avaliação, as suas categorias e a importância dos critérios para utilização dos diferentes instrumentos e tipos de avaliação, para que o professor de Química tenha subsídios teóricos e práticos que o auxiliem na elaboração de avaliações qualitativas.

Indicações culturais

Filmes

O Nome da rosa. Direção: Jean-Jacques Annaud. Produção: Cristaldi Film. Local: Alemanha. Warner Bros, 1986. 130 min.

Muito além do jardim. Direção: Hak Ashby. Produção: Warner Home Vídeo. Local: EUA: BSB, 1979. 130 min.

Sites

Scientific Electronic Library Online – Scielo. Disponível em: <http://www.scielo.br/scielo.php/script_sci_home/lng_pt/nrm_iso>. Acesso em: 02 jul. 2007.

PORTAL PERIÓDICOS CAPES. Disponível em: <http://www.periodicos. capes.gov.br/portugues/index.jsp>. Acesso em: 02 jul. 2007.
CLUBE DO PROFESSOR. Disponível em: <http://www.clubedoprofessor. com.br/>. Acesso em: 02 jul. 2007.

Atividades de Auto-Avaliação

1. Assinale (V) para verdadeiro e (F) para falso quanto às concepções de desenvolvimento e aprendizagem do ser humano:
   ( ) A aprendizagem é o processo por meio do qual o ser humano se apropria ativamente do conteúdo da experiência humana, daquilo que seu grupo social conhece.
   ( ) A aprendizagem é o processo por meio do qual o ser humano memoriza todo conteúdo da experiência humana, sem a necessidade de interação.
   ( ) Os quatro aspectos do desenvolvimento integral são: físico-motor, intelectual-cognitivo, afetivo-emocional e social.
   ( ) O desenvolvimento é o processo por meio do qual o indivíduo constrói ativamente, nas relações que estabelece com o ambiente físico e social, suas características.
   ( ) O desenvolvimento pode ocorrer ao ser estimulado isoladamente, sem a necessidade de interação com outras dimensões.

2. Assinale (V) para verdadeiro e (F) para falso quanto aos fatores que influem no desenvolvimento e sobre o significado de cognição:
   ( ) Os fatores internos são a hereditariedade e a maturação. Os fatores externos são o ambiente social, a alimentação adequada e a preservação da natureza.
   ( ) Cognição é o ato ou processo de conhecer, são os processos mentais como a atenção, a percepção, a memória, o raciocínio, o

juízo, a imaginação, o pensamento, a linguagem, o conhecimento, a consciência, a inteligência, o pensamento, a imaginação, a criatividade, a geração de planos e estratégias, o raciocínio, as inferências, a solução de problemas, a conceitualização, a classificação e a formação de relações, a simbolização, as fantasias e os sonhos, o comportamento motor, as imagens mentais, o aprendizado.

( ) Entre os fatores que influem no desenvolvimento, podemos citar os fatores internos e externos.

( ) O processo de conhecer, os processos mentais, a atenção, a percepção, a memória, o raciocínio, o juízo, a imaginação, o pensamento, a linguagem, o conhecimento, a consciência, a inteligência, o pensamento, a imaginação, a criatividade, a geração de planos e estratégias, o raciocínio, as inferências, a solução de problemas não são utilizados no processo de desenvolvimento e aprendizagem humana.

( ) A cognição refere-se à capacidade de o sujeito memorizar, por isso foi tão valorizada na escola tradicional.

3. Assinale (V) para verdadeiro e (F) para falso quanto à função dos nove jeitos mais comuns de avaliar:

( ) A função da observação é seguir o desenvolvimento do aluno e ter informações sobre as áreas afetiva, cognitiva e psicomotora.

( ) A função do conselho de classe é compartilhar informações sobre a classe e sobre cada aluno para embasar a tomada de decisões.

( ) A função da prova objetiva é avaliar quanto o aluno aprendeu sobre dados singulares e específicos do conteúdo.

( ) A função do trabalho em grupo é desenvolver o espírito colaborativo e a socialização.

( ) A função da prova objetiva é marcar X na resposta correta.

4. De acordo com Luckesi (2005), na prática da aferição do aproveitamento escolar, os professores se preocupam com três procedimentos. Assinale a alternativa que apresenta os três procedimentos.
   a) Aferição do aproveitamento escolar, medida do desempenho escolar, análise da medida.
   b) Aferição do aproveitamento escolar, medida do aproveitamento escolar, transformação da medida em nota ou conceito, utilização dos resultados identificados.
   c) Aferição do aproveitamento escolar, medida do aproveitamento escolar, utilização dos resultados identificados.
   d) Exclusão e classificação do aproveitamento escolar, análise da mudança, utilização dos dados identificados.

5. Haydt (1991) diz que existem três modalidades de avaliação. Assinale a alternativa que as apresenta.
   a) Avaliação diagnóstica, formativa e somativa.
   b) Avaliação objetiva, dissertativa e relatório individual.
   c) Avaliação interna, contínua e pontual.
   d) Avaliação normativa, explícita e implícita.

6. Assinale a alternativa correta sobre a função da auto-avaliação.
   a) A função é aprender a defender uma opinião fundamentando-a em argumentos convincentes.
   b) A função é fazer o aluno utilizar o tempo livre como desejar para refletir sobre as aulas.
   c) A função é averiguar se o aluno adquiriu conhecimento e se conhece estruturas de texto.
   d) A função é fazer o aluno adquirir capacidade de analisar suas aptidões e atitudes, pontos fortes e fracos.

7. Assinale a alternativa correta sobre a função do debate.
   a) A função é possibilitar a exposição de textos informativos oralmente.
   b) A função é aprender a defender uma opinião fundamentando-a em argumentos convincentes.
   c) A função é fazer o aluno argumentar um assunto polêmico para concordar com o mediador.
   d) A função é fazer o aluno adquirir capacidade de analisar situações-problema.

Atividades de Aprendizagem

Questões para Reflexão

1. Para ampliar a visão sobre a avaliação como organização de poder para selecionar ou promover, sugere-se a leitura e elaboração de resumo das obras a seguir:

WERNECK, H. **Prova, provão, camisa de força da educação**: uma crítica aos sistemas de avaliação crivada de humor e propostas. 3. ed. Petrópolis: Vozes, 1997.

WERNECK, H. **Se a boa escola é a que reprova, o bom hospital é o que mata**. Rio de Janeiro: DP&A, 1998.

2. Para compreensão mais aprofundada da avaliação diagnóstica na perspectiva da psicopedagogia sugerimos a leitura e elaboração de resumo das obras:

BOSSA, N. A.; OLIVEIRA, V. B. de (Org.). **Avaliação psicopedagógica da criança de sete a onze anos**. 7. ed. Petrópolis: Vozes, 2000. (Coleção Psicopedagogia e Psicanálise).

LOPES, S. V. de A. **O processo de avaliação e intervenção em psicopedagogia.** Curitiba: Ibpex, 2004.

OLIVEIRA, V. B. de; BOSSA, N. A. (Org.). **Avaliação psicopedagógica da criança de zero a seis anos.** 10. ed. Petrópolis: Vozes, 2000. (Coleção Psicopedagogia e Psicanálise).

OLIVEIRA, V. B. de; BOSSA, N. A. (Org.). **Avaliação psicopedagógica do adolescente.** 4. ed. Petrópolis: Vozes, 2000.

Atividades Aplicadas: Prática

1. Siga os passos a seguir e planeje uma avaliação na disciplina de Química:

   a) Escolha uma série e um conteúdo trabalhado na disciplina de Química;

   b) Escolha 1 entre os 9 jeitos mais comuns de avaliar:

   ~ Prova objetiva;

   ~ Prova dissertativa;

   ~ Seminário;

   ~ Trabalho em grupo;

   ~ Debate;

   ~ Relatório individual;

~ Auto-avaliação;
~ Observação;
~ Conselho de classe.

2. Elabore um planejamento de aproximadamente três páginas descrevendo quais serão os procedimentos para realizar a avaliação do conteúdo escolhido por você. Para facilitar seu texto, siga os passos a seguir:
   a. Conteúdo;
   b. Série;
   c. Tempo destinado para trabalhar este conteúdo/n° de horas aula;
   d. Metodologia das aulas ofertadas;
   e. Objetivos a serem alcançados de acordo com a metodologia das aulas ofertadas;
   f. Critérios de avaliação;
   g. Atividades de avaliação a serem realizadas;
   h. Transformação em notas ou conceitos;
   i. Utilização dos resultados.

Considerações finais

A prática pedagógica é influenciada pelo contexto histórico-social; nesse sentido afirmamos que a reprodução e fragmentação do conhecimento ainda é uma realidade em nossas salas de aula. Acreditamos que uma das contribuições para mudanças é por meio da valorização tanto do professor de química, como de outras disciplinas, no que se refere à remuneração adequada, à formação de qualidade e ao respeito à profissão.

Há a necessidade de escolas que possibilitem o desenvolvimento integral do ser humano, a formação de cidadãos críticos e com igualdade de condições para participar da vida em sociedade, mas, para isso, precisa-se primeiro de professores com essas oportunidades.

Esperamos que a leitura sobre didática e avaliação em Química tenha contribuído para ampliar sua visão de educador e aperfeiçoar sua formação docente. A intenção é uma educação voltada para a inclusão social, em que todas as pessoas tenham acesso ao saber.

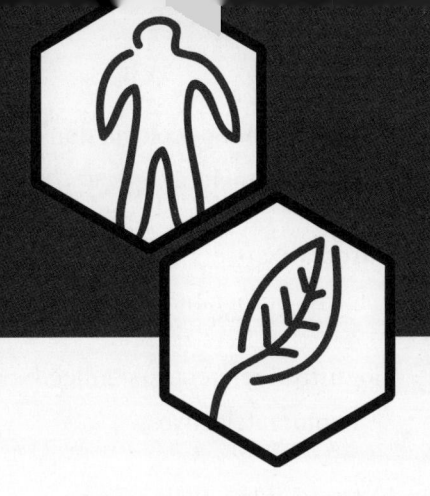

Glossário*

Abordagem: ato de abordar; aproximação.

Acrítica: não crítica.

Aflorar: referir-se a um assunto sem se aprofundar.

Alicerce: base; fundamento.

Apropriação: acomodação; adaptação.

Arbitrário: sem regras; facultativo.

* As informações deste glossário têm por base obras de diversos autores que podem ser encontradas no item Referências.

Behaviorismo: psicologia do comportamento.

Burocratizar-se: dar caráter ou forma burocrática.

Cognitiva: referente a conhecimento; intelectivo.

Conservador: aquele que conserva; adepto da rotina.

Contextual: relativo ao contexto.

Credibilidade: confiabilidade.

Criticidade: com espírito crítico.

Descentralização: ato ou efeito de descentralizar, afastar.

Desmistificar: desfazer o mito, denunciar.

Destilação fracionada: método de separação de misturas homogêneas, como por exemplo, a separação dos componentes do petróleo.

Desvinculada: desligada.

Diretiva: diretriz; norma; pauta.

Dualista: referente a duas coisas ao mesmo tempo.

Emancipadora: independente; libertadora.

Emergente: que surge ou advém inesperadamente.

Foco: centro; sede.

Fragmentação: fracionamento; estilhaçamento.

Gradativo: gradual; progressivo.

Holístico: que concebe a realidade como um todo.

Humanístico: relativo às humanidades.

Implementação: ação de executar ou levar à prática.

Implicitamente: indiretamente.

Instigado: induzido; estimulado.

Interativo: em que existe interação ou interatividade.

Interconectado: interligado; interdependente.

Intercultural: que diz respeito às relações culturais desenvolvidas entre países, regiões ou instituições.

Interdisciplinar: que diz respeito a duas ou mais disciplinas ou áreas do conhecimento.

Laicidade: qualidade de laico.

Laico: leigo; secular.

Mecanicista: automático.

Mensuráveis: medidos; avaliados.

Metodologia: orientação para o ensino de uma disciplina.

Mídia: conjunto dos meios de comunicação para alcançar as massas.

Orquestrador: que coordena; que organiza.

Ousado: esforçado; corajoso; audaz.

Passivo: inerte; indiferente.

Pedagógico: relativo ou conforme a pedagogia.

Preconizar: instituir; receitar; prescrever.

Premissas: cada uma das duas primeiras proposições de um silogismo.

Pretextos: desculpas; alegações.

Progressista: tendência pedagógica; pessoa que é favorável ao progresso.

Psíquico: referente à mente, ao pensamento.

Reducionista: simplista.

Restringir: limitar; apertar; diminuir.

Revolucionária: que provoca revoluções; rebelde.

Sensocomunicar-se: comunicar-se com entendimento.

Seqüencial: que obedece a uma seqüência; contínuo.

Signitários: que ou aquele que assina ou subscreve um documento.

Simultâneo: que se dá ou realiza ao mesmo tempo que outra coisa.

Sistêmico: relativo a um sistema na sua totalidade.

Tecnicista: relativo ao tecnicismo; demasiado específico.

Tendência: propensão; vocação.

Triagem: seleção; escolha.

Tutorial: série de instruções que explicam o funcionamento de um determinado programa.

Unificada: reunida em uma só; unida.

Referências por capítulo

Capítulo 1

1. MALDANER, 2003, p. 44.
2. MALDANER, 2003, p. 73.
3. ZÓBOLI, 2004.
4. KUHN, 1991, p. 225.
5. BEHRENS, 2000, p. 46.
6. LIBÂNEO, 1987, p. 23.
7. BEHRENS, 2000.
8. BEHRENS, 2000.
9. BEHRENS, 2000, p. 52.
10. SOUSA, 2007.
11. BEHRENS, 2000.
12. BEHRENS, 2000.
13. MALDANER; PIEDADE, 1995.

[14] Cardoso, 1995, p. 49.

[15] Behrens, 2000, p. 70.

[16] Behrens, 2000, p. 75.

[17] Behrens, 2000, p. 79.

[18] Behrens, 2000.

[19] Santos, 1988, p. 70.

[20] Maldaner, 2003, p. 153.

[21] Maldaner, 2003.

[22] Maldaner, 2003, p. 179.

[23] Santos; Schnetzler, 2003, p. 47-48.

Capítulo 2

[1] Prado, 2001.

[2] Carvalho; Souza, 2003, p. 5.

[3] Campos, 2001.

[4] Valadares, 2001.

[5] Valadares, 2001.

[6] Moreira, 2007.

[7] Brito, 2001, p. 13-15.

[8] Reis, 2007.

[9] Brito, 2001.

[10] Brito, 2001.

[11] Cortelazzo, 2006.

[12] Reis, 2007.

[13] Paglis, 2007.

[14] Tajra, 2001.

[15] Teixeira, 2003.

[16] Nóvoa, 1992.

Capítulo 3

[1] Melão Junior, 2007.

[2] Santos, 2004.

[3] Melão Junior, 2007.

[4] Sousa, 2007.

[5] Inep, 2007.

[6] Inep, 2007.

[7] Rosado; Silva, 2007.

[8] Tyler, 1985.

[9] Rosado; Silva, 2007.

[10] Rosado; Silva, 2007.

[11] Ávila, 2007.

[12] Goldberg, 1973.

[13] Raths et al., 1997.

[14] Luckesi, 2005.

[15] Both, 2007.

[16] BEHRENS, 2006.

Capítulo 4

[1] PILETTI, 1997.

[2] DU PLATT; STAGLIORIO, 2007.

[3] PILETTI, 1997, p. 33.

[4] PILETTI, 1997, p. 182.

[5] PILETTI, 1997.

[6] ZABALZA, 2004, p. 191

[7] ROCHA, 1996, p. 147.

[8] FLAVELL; MILLER; MILLER, 1999, p. 09.

[9] FLAVELL, MILLER; MILLER, 1999.

[10] FLAVELL, MILLER; MILLER, 1999, p. 10.

[11] LUCKESI, 2005, p. 73.

[12] LUCKESI, 2005.

[13] LUCKESI, 2005, p. 74.

[14] LUCKESI, 2005, p. 76.

[15] HAYDT, 1991, p. 16.

[16] HAYDT, 1991.

[17] SANTOS, 2004.

[18] SANT'ANNA, 1995, p. 80.

Referências

ÁVILA, E. M. E. et al. **Evolução dos conceitos de avaliação.** Disponível em:<http://rapes.unsl.edu.ar/Congresos_realizados/Congresos/III%20Encuentro/Completos/AVILA.pdf>. Acesso em: 12 dez. 2007.

BEHRENS, M. A. **O paradigma emergente e a prática pedagógica.** Curitiba: Champagnat, 2000.

_____. **Paradigma da complexidade.** São Paulo: Vozes, 2006.

BLOOM, B. et al. **Manual de avaliação formativa e sumativa do aprendizado escolar.** São Paulo: Pioneira, 1971.

BOTH, I. **Ensinar e avaliar são de domínio público**: resta saber se ensinar avaliando e avaliar ensinando também o são. Disponível em: <http://www.histedbr.fae.unicamp.br/art06_18.pdf>. Acesso em: 13 maio 2007.

BRASIL. Ministerio da Educação. **O livro didático na história da educação brasileira**. Disponível em: <http://portal.mec.gov.br/seb/index2.php?option=com_content&do_pdf=1&id=381>. Acesso em: 03 abr. 2007.

BRITO, S. L. Um ambiente multimediatizado para a construção do conhecimento em química. **Química nova na escola**, São Paulo, n. 14, p. 13-15, nov. 2001.

CAMARA ZACHARIAS, V. L. **Skinner e o behaviorismo**. Disponível em: <http://www.centrorefeducacional.com.br/skinner.htm>. Acesso em: 15 mar. 2007.

CAMPOS, M. T. R. A. **Materiais didáticos e formação do professor**: 2001 Disponível em: <http://www.tvebrasil.com.br/salto/boletins2001/em1/em1txt3.htm>. Acesso em: 10 fev. 2007.

CARDINET, J. **Avaliar é medir?** Rio Tinto: Edições Asa, 1993.

CARDOSO, C. M. **A canção da inteireza**: uma visão holística da educação. São Paulo: Summus, 1995.

CARVALHO, G. C.; SOUZA, C. L. **Química**: de olho no mundo do trabalho. São Paulo: Scipione, 2003. (Coleção de Olho no Mundo do Trabalho).

CORTELAZZO, I. B. C. **Multimídia educativa**. Curitiba Ibpex, 2006.

DE KETELE, J. M. L. Evaluation conjuguée en paradigmes. **Revue Française de Pédagogie**, Lyon, n. 103, p. 59-80, jun. 1993.

Du Platt, T. C.; Stagliorio, L. **Glossário de psicologia**. Disponível em: <http://ospiti.peacelink.it/zumbi/org/cedeca/gloss/gl-psic.html>. Acesso em: 16 mar. 2007.

Fini, M. I. Eixos cognitivos do Enem: apresentação. In: Instituto Nacional de Estudos e Pesquisas Educacionais Anísio Teixeira. **Eixos cognitivos do Enem**. Brasília: MEC, 2007.

Flavel, J. H.; Miller, P. H.; Miller, S. **Desenvolvimento cognitivo**. Porto Alegre: Artes Médicas, 1999.

Gentile, P.; Andrade, C. Avaliação nota 10. **Revista Nova Escola**, São Paulo, n. 147, p. 18-19, 2001.

Giordan, M. Educação em química e multimídia. **Química nova na escola**, Campinas, n. 6, p. 6-7, nov. 1997.

Goldberg, M. A. A. Avaliação e planejamento educacional: problemas conceituais e metodológicos. **Cadernos de Pesquisa**, n. 7, Fundação Getúlio Vargas, São Paulo, 1973.

Guba, E.; Lincoln, Y. **Effective evaluation**. San Francisco: Jossey-Bass, 1981.

Haydt. R. C. **Avaliação do processo ensino-aprendizagem**. 2. ed. São Paulo: Ática, 1991.

Inep – Instituto Nacional de Estudos e Pesquisas Educacionais Anísio Teixeira. **Enem**: um exame diferente. Disponível em: <http://www.enem.inep.gov.br/index.php?option=com_content&task=view&id=12&Itemid=34>. Acesso em: 15 jun. 2007.

Kuhn, T. S. **A estrutura das revoluções científicas**. São Paulo: Perspectiva, 1991. (Coleção Debates).

LÉVY, P. As Tecnologias da Inteligência. São Paulo: editora 34, 1993.

LIBÂNEO, J. C. **Democratização da escola pública**: a pedagogia crítico-social dos conteúdos. São Paulo: Loyola, 1987.

LUCKESI, C. C. **Avaliação da aprendizagem escolar**. 16. ed. São Paulo: Cortez, 2005.

_____. Verificação ou avaliação: o que pratica a escola? **Caderno Idéias**. São Paulo, n. 8, p. 71-80. 1990.

MALDANER, O. A. **A Formação inicial e continuada de professores de Química**: professores pesquisadores. Ijuí: Ed. da Unijuí, 2003.

MALDANER, O. A.; PIEDADE, M. C. T. Repensando a Química. **Revista Química Nova na Escola**, São Paulo, n. 1, p. 15-19, maio 1995.

MELÃO JUNIOR, H. **Resumo histórico sobre testes de inteligência**. Disponível em: <http://www.sigmasociety.com/artigos/historia.pdf>. Acesso em: 20 mar. 2007.

MORAN J. M. ET AL. Novas Tecnologias e Mediação Pedagógica. 12. ed. Campinas: Papiris, 2006.

MOREIRA, R. de A. **Televisão digital e a interatividade**. Disponível em: <http://www.teleco.com.br/tutoriais/tutorialinteratividade/default. asp>. Acesso em: 27 mar. 2007.

NOIZET, G.; CAVERNI, J. **Psicologia da avaliação escolar**. Coimbra: Coimbra Editora, 1985.

NÓVOA, A. (Org.). **Os professores e a sua formação**. Lisboa: Dom Quixote, 1992.

PAGLIS, C. M. **Informática na agricultura.** Disponível em: <http://www. dag.ufla.br/MODAGP/_private/SoftAgricola_1.doc>. Acesso em: 03 abr. 2007.

PILETTI, N. **Psicologia educacional.** 15. ed. São Paulo: Ática, 1997.

PRADO, R. Os bons companheiros. **Revista Nova Escola,** São Paulo, n. 140, p. 14-20, mar. 2001.

RATHS, L. E. et al.; **Ensinar a pensar:** teoria e aplicação. São Paulo: EPU, 1997.

REIS, K. C. **Mini-dicionário técnico de informática.** Disponível em: <http://www.juliobattisti.com.br/tutoriais/keniareis/dicionario info005.asp>. Acesso em: 27 mar. 2007.

ROCHA, R. **Minidicionário enciclopédico escolar Ruth Rocha.** São Paulo: Scipione, 1996.

ROSADO, A.; SILVA, C. **Conceitos básicos sobre avaliação das aprendizagens.** Disponível em: <http://home.fmh.utl.pt/~arosado/ESTAGIO/ conceitos.htm>. Acesso em: 27 mar. 2007.

SANT'ANNA, I. M. **Por que avaliar? como avaliar?**: critérios e instrumentos. Petrópolis: Vozes, 1995.

SANTOS, B. S. Um discurso sobre as ciências na transição para uma ciência pós-moderna. **Revista de Estudos Avançados,** São Paulo, v. 2, n. 2, ago. 1988.

SANTOS, T. B. **Processos de aprendizagem**: diagnóstico e avaliação. Curitiba: Ibpex, 2004.

SANTOS, W. L. P. dos; SCHNETZLER, R. P. **Educação em Química**: compromisso com a cidadania. 3. ed. Ijuí: Ed. da Unijuí, 2003.

SCRIVEN, M. The methodology of evaluation. In: TYLER, R. W. et al. **Perspectives of curriculum evaluation**. Chicago: Rand Mac Nally, 1967.

SOUSA, S. M. Z. L. **Avaliação da aprendizagem**: teoria, legislação e prática no cotidiano de escolas de primeiro grau. Disponível em: <http://www.crmariocovas.sp.gov.br/pdf/ideias_08_p106-114_c.pdf>. Acesso em: 27 mar. 2007.

TAJRA, S. F. **Informática na educação**: novas ferramentas pedagógicas para o professor na atualidade. São Paulo: Érica, 2001.

TEIXEIRA, A. C.; BRANDÃO, E. J. R. *Software* educacional: o difícil começo. **Renote – Revista Novas Tecnologias na Educação**, Porto Alegre, v. 1, n. 1, 2003.

TYLER, R. W. **Princípios básicos de currículo e ensino**. 10. ed. Rio de Janeiro: Globo, 1985.

VALADARES, E. C. Propostas de experimentos de baixo custo centradas no aluno e na comunidade. **Química Nova na Escola**, Campinas, n. 13, p. 38-40, maio, 2001.

ZABALZA, M. A. **Diários de aula**: um instrumento de pesquisa e desenvolvimento profissional. Porto Alegre: Artmed, 2004.

ZÓBOLI, G. **Práticas de ensino**: subsídios para a atividade docente. São Paulo: Ática, 2004.

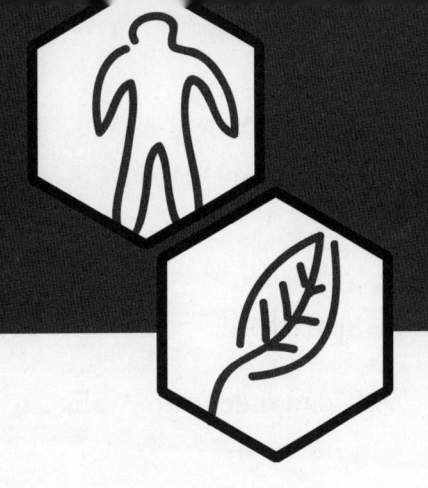

Gabarito

Capítulo 1

Atividades de Auto-Avaliação

1. a
2. a
3. a
4. c
5. b
6. d

7. a) F, F, V, F, V
   b) V, V, F, V, F
   c) V, V, F, F, V

Capítulo 2

Atividades de Auto-Avaliação

1. c
2. c
3. d
4. d
5. c
6. a) V, V, V, F, V
   b) V, V, F, V, F
   c) V, F, V, V, F
7. d

Capítulo 3

Atividades de Auto-Avaliação

1. V, F, F, V, F
2. F, F, V, F, F
3. F, F, V, F, F
4. c
5. b
6. d
7. b

Capítulo 4

Atividades de Auto-Avaliação

1. V, F, V, V, F
2. V, V, V, F, F
3. V, V, V, V, F
4. b
5. a
6. d
7. b

Impressão: Gráfica Capital
Outubro/2012